고대 한일 관계의 비밀을 푸는 열쇠

칠지도 명문

칠지도 명문 : 고대 한일 관계의 비밀을 푸는 열쇠

초판 1쇄   2016년 6월 24일
초판 2쇄   2016년 11월 18일

지은이   박 호 균
펴낸이   손 형 국
펴낸곳   (주)북랩
편집인   선일영   편집   김향인, 권유선, 김예지, 김송이
디자인   이현수, 신혜림, 윤미리내, 임혜수   제작   박기성, 황동현, 구성우
마케팅   김회란, 박진관, 김아름
출판등록 2004. 12. 1(제2012-000051호)
주소   서울시 금천구 가산디지털 1로 168, 우림라이온스밸리 B동 B113, 114호
홈페이지   www.book.co.kr
전화번호 (02)2026-5777   팩스   (02)2026-5747

ISBN   979-11-5987-065-1 03910(종이책)   979-11-5987-066-8 05910(전자책)

이 도서의 국립중앙도서관 출판예정도서목록(CIP)은 서지정보유통지원시스템 홈페이지(http://seoji.nl.go.kr)와
국가자료공동목록시스템(http://www.nl.go.kr/kolisnet)에서 이용하실 수 있습니다.
(CIP제어번호 : CIP2016015447)

성공한 사람들은 예외없이 기개가 남다르다고 합니다.
어려움에도 꺾이지 않았던 당신의 의기를 책에 담아보지 않으시렵니까?
책으로 펴내고 싶은 원고를 메일(book@book.co.kr)로 보내주세요.
성공출판의 파트너 북랩이 함께하겠습니다.

고대 한일 관계의 비밀을 푸는 열쇠

칠지도 명문

박호균 지음

七支刀

왜곡하려 해도
왜곡할 수 없는

칠지도에
새겨진 진실

銘文

북랩 book Lab

들어가며
··········

    대학원에서 처음으로 국사학을 공부하던 때를 돌이켜보면 당시로서는 한 가지 이해하기 힘든 일이 있었다. 그것은 생각한 것보다 한국 고대사 전공자가 매우 적다는 사실이었다. 그리고 생각과는 달리 오히려 현대에 가까워질수록 관련 전공자가 많아졌다. 필자로서는 고대사에 비해 많이 알려진 근현대사의 전공자가 왜 더 많을까 하는 궁금증과 함께 아쉬움이 들었다. 대학원에서의 공부가 다른 고대 사학도들과 활발한 연구 교류를 하며 연구에 깊이를 더하고, 필자가 미처 생각지 못한 측면을 살펴볼 수 있는 기회가 될 수 있으리라 생각했기 때문이다. 하지만 그러기엔 고대사 전공자가 너무 적었다. 고대 시대에 대한 동경과 연구 의지가 넘치던 필자에게 이러한 현상은 언뜻 이해하기 어려웠다. 고대사는 누구라도 관심을 가질 만한 소재라고 생각했기 때문이다.

물론 지금 와서 생각해 보면 당연한 일이었다. 가까운 시대일수록 더욱더 친숙한 데다, 무엇보다 자료도 풍부해지고 연구할 대상들이 다양해지기 때문에 아무래도 근현대사에 많은 전공자들이 몰리기 마련이다. 자신만의 학문 영역을 구축하기에는 역시 연구 소재가 많은 근현대사 쪽이 훨씬 제격일 것이다. 하지만 이를 고대사 쪽에 적용하면 상황은 정반대이다. 연구 소재도 적은 데다 이마저도 수많은 연구자들의 손을 이미 거쳤기 때문에, 새로운 아이디어가 들어갈 여지가 매우 좁아진다. 어떤 획기적인 사료의 발견이 있지 않은 한 더 이상의 새로운 학설이 나오기 쉽지 않다는 이야기다.

그렇지만 비록 인기 있는 분야는 아닐지라도, 고대사는 한번 뛰어들어볼 가치가 충분하다고 생각한다. 고대사는, 더욱이 한국의 고대사는 너무나도 베일에 싸여 있기 때문에 호기심과 모험심이 강하고, 상상력이 풍부한 연구자라면 충분히 매력을 느낄만한 분야이다. 게다가 한국인의 뿌리와 정체성을 고찰하는 데에 있어 고대사 연구는 더할 나위 없는 필수 요건임을 생각해 봤을 때 더욱 그러하다.

한국 고대사 중에서도 유독 베일에 싸인 분야 중 하나가 바로 백제사이다. 700여 년 역사를 자랑하며 삼국시대에 당당하게 삼국의 한 축을 담당했던 백제이건만, 남아 있는 기록과 유물이 너무도 적은 탓에 백제에 대한 많은 정보가 여전히 불분명한 상태로 남아 있는 것이 현실이다. 그래서 한편으로 백제는 '수수께끼의 왕국'이라고 불리기도 한다.

이처럼 많은 면에서 자취가 희미해진 탓에 백제사는 고대사 중에서도 신라사나 고구려사에 비해 상대적으로 주목을 덜 받는 분야이다. 필자도 백제사에 관심을 갖기 전까지 이토록 백제 관련 자료가 부족한지 깨닫지 못했다. 그래서 학자들이 이처럼 백제에 대한 관심이 상대적으로 적은 이유가 한편으론 이해되기도 하였다.

그렇지만 백제사는 단순히 백제사에 그치지 않는다. 백제는 한때 중국의 요서(遼西)지방에 진출하여 거점을 두었다는 기록이 있고, 또한 고대 일본과 매우 활발한 교류를 펼칠 정도로 매우 국제적인 감각을 지닌 국가였다. 한반도의 고대사회는 물론 동아시아의 고대 세계에 있어서도 중요한 역할을 담당했던 백제이지만, 관련 연구는 많은 부분에서 미진한 실정이다.

이에 필자는 백제사에 깊이 매료되었고, 그중에서도 백제와 고대 일본의 관계에 특히 관심을 갖게 되었다. 백제에 대해 연구하면 할수록 고대 일본, 즉 왜(倭)와의 관계가 무척이나 긴밀하게 엮여 있음을 깨닫게 되었기 때문이다. 이는 일본 고대사를 연구하는 연구자들의 입장에서도 마찬가지일 것이다.

그리하여 백제와 왜의 관계에 관한 지난 몇 년간의 자료 검토와 연구 끝에 그에 대한 첫 산물로서 지난 2015년 《칠지도가 전해주는 고대 한일 관계의 비밀》이라는 제목의 책을 전자책(ebook)으로 출간한 바 있다. 이 책은 《칠지도가 전해주는 고대 한일 관계의 비밀》의 부족한 내용을 보충하고, 어색한 부분을 수정하여 종이책으로 재출간한 책이다.

이 책은 이걸로 완성된 것이 아니다. 이렇게 한번 수정·보완해서 재출간하였듯이 앞으로도 부족한 부분이 있다면, 그것을 계속해서 채워 나갈 것이다. 따라서 책 내용에 미진한 부분이 있거나 질문 사항, 또는 새로이 보충하고픈 내용 등이 있다면 필자의 이메일로 그 내용들을 보내 주셨으면 한다. 그래서 독자 여러분과 함께 백제와 고대 일본의 관계에 대한 더욱 정확하고도 풍부한 연구를 진행했으면 하는 바람이다.

마지막으로, 이 책을 쓸 수 있도록 직접적인 아이디어를 제공해주신 사학자 홍성화 선생님과 저서와 논문 같은 자료를 통해 필자가 글을 쓰는 데 많은 도움을 주신 여러 사학자 선생

님, 그리고 이 책을 내놓기까지 그간 응원을 아끼지 않은 가족들과 친구인 김성락, 문정호, 정수정, 박태진, 민희송에게 지면을 통해서나마 깊은 고마움의 마음을 전하고 싶다.

차례

2. 백제왕세자가 왜왕이 된 이유

3. 칠지도를 왜에 건네준 이유

七支刀

①

칠지도 명문

銘 文

칠지도(七支刀)는 약 74.9㎝의 길이에 철재로 만든 칼로서 칼날 좌우로 세 개씩, 나뭇가지 형태의 또 다른 칼날이 달려 있는 사뭇 독특한 모양으로 유명하다. 하지만 그보다 이 칼에 새겨진 60자 남짓의 명문(銘文)이 더욱 큰 주목을 받아, 그 명문을 어떻게 해석해야 할 것인가를 두고 뜨거운 관심을 불러일으켜 왔다.

칠지도에 명문이 새겨져 있다는 사실은, 1873년 이 칼이 보관되어있던 일본 나라(奈良) 현 덴리(天理) 시 이소노카미신궁(石上神宮)의 관리자인 '간 마사토모(菅政友)'라는 인물을 통해 발견되어 세간에 알려졌다. 명문은 공개 직후부터 학계의 폭발적인 관심 가운데, 고대 한일 관계의 수수께끼를 해결해 줄 열쇠로 인정받으며 이와 관련한 수많은 논쟁의 정점에 서고 있지만, 명문의 정확한 해석에 대한 전반적인 합의를 보지 못하고 오늘날에 이르고 있다.

칠지도 명문이 중요한 이유 |

고대 한일 관계에 대하여 직간접적으로 정보를 제공해 주는 사료들은 다수 존재한다. 예컨대 《삼국사기(三國史記)》, 《일본서기(日本書紀)》 및 《송서(宋書)》, 《남제서(南齊書)》 등과 같은 각종 사서(史書)와 '칠지도 명문', '광개토대왕릉비문(廣開土大王陵碑文)'을 비롯한 한중일 각국에서 발견된 금석문(金石文), 그리고 한반도 남부지역과 일본열도등지에서 발굴되는 다양한 유물들이 그것이다. 한일 고대 사학계는 이러한 사료들을 바탕으로 각각 고대 한일 관계의 모습을 추측해 나가는데, 그 추측의 방향은 실로 다양하다.

그중 대표적인 예가 바로 유명한 소위 '임나일본부설(任那日本府說)'이다. '임나일본부설'은 《일본서기》 신공황후(神功皇后)조의 내용을 바탕으로 오랜 기간 일본 역사학계에서 고대 한일 관계에 관한 '정설'로 인정받아왔던 학설로서, '남선경영설(南鮮經營說)'이라고 칭하기도 한다. '남선경영(南鮮經營)'이란, 말 그대로 남선(南鮮) 즉, 한반도의 남쪽 지방을 경영했다는 의미이다.

이 학설의 핵심은 소위 '신공황후의 신라 정벌' 이래 진흥왕에 의해 가야가 멸망할 때까지 약 200여 년간 임나(가야)가 '일본부(日本府)'라 하는 거점을 기반으로, 일본 세력에 의해 마치 식민지처럼 지배되었다는 것이다. 그러니까 일제강점기 시대뿐 아니라 그보다 한참 앞선 시대에도 한반도 일부 지역이 일본 세력에 의해 지배당했다는 것이 이 학설의 주요 메시지이다.* 우리 입장에서는 당연히 너무나 터무니없고 황당하게 느껴지는 학설이 아닐 수 없다. 하지만 일본 학계에서는 오랜 시간 동안 고대 한일 관계사 분야에 있어 통설이었으며, 이 학설이 갖는 내재적인 문제점들 때문에 수많은 비판을 받으며 점점 설자리를 잃어 가는 와중에도, 여전히 일본 학계에서 무시할 수 없는 영향력을 지니고 있는 학설이기도 하다.

임나일본부설에 대응하여 북한 학계에서는 북한의 역사학자 김석형이 소위 '분국설(分國說)'이라는 학설을 내놓았다. 이 학설의 핵심 내용을 한마디로 요약하면, 한반도에 살던 주민들이

---

* 이런 이유로 임나일본부설은 일제의 조선 지배를 정당화하는 명분으로 활용되기도 하였다.

일본에 건너가 마치 도시 국가와 비슷한 형태의 '분국(分國)'이란 것을 일본 열도 각지에 세웠다는 것이다. 임나일본부설과는 거의 정반대되는 논리로서, 일본 열도가 도리어 고대 한반도 세력에 의해 지배되었다고 설명하는 학설이다.

한국 학계에서는 정연한 논리로써 임나일본부설의 허구성을 지적하는 한편, 분국설에도 거부감 내지는 별다른 관심을 보이지 않음으로써 양쪽 어디에도 관련성이 없는 제3의 입장을 보이고 있다. 고대 한국과 일본 중 어느 한쪽이 일방적인 주도권을 가지고 있었다기보다는, 서로 상부상조하며 대등한 관계를 유지했다고 보는 시각이 지배적이다. 이를테면 상호 군사적 동맹관계를 맺으며 백제가 일본에 다양한 문화와 문물을 전파해주는 대가로 일본으로부터 군사적 지원을 제공받았다는 식으로 설명한다.

이밖에도 '기마민족설(騎馬民族說)'* 등 고대 한일 관계의 실체에 대해 설명하고자 하는 학설들은 다양한데, 이처럼 여러 학설이 난무하는 이유는 근본적으로 고대 한일 관계의 모습에 대해 명쾌하게 설명해줄 사료가 절대적으로 부족하다는 데에 있

---

* 일본의 고고학자 에가미 나미오(江上波夫)는 '기마민족설'이라는 독특한 학설을 발표하였다. 기마민족설이란 대략적으로 북방 기마민족이 남쪽으로 이동하여 한반도 남부를 거쳐 일본 열도로 이동하여 야마토 정권을 수립했다고 설명하는 학설이다.

다. 이러한 사료들은 마치 몇 개밖에 남아 있지 않은 퍼즐 조각들과 같아서, 이것들만 가지고 본래의 모습 전체를 그려보기란 정말이지 쉬운 일이 아니며, 기껏해야 부분적이고 제한적인 모습밖에는 그려내지 못한다는 한계를 갖는다.

예컨대 한국 고대사의 기본 사료인 《삼국사기》의 경우 내용이 전반적으로도 많지 않은 편인데, 특히나 고대 일본과 긴밀한 관계에 있었던 백제 관련 기록이 매우 빈약하다. 마찬가지로 일본과 밀접한 관계에 있었던 가야의 경우, 자료의 빈약함이 백제보다도 더욱 심각하여 가야사에 대한 독립적인 항목조차 갖추지 못했을 정도이다. 그저 〈신라본기〉나, 〈백제본기〉에서 그 자취를 드문드문 발견할 수 있을 뿐이다.

사서의 기록 뿐 아니라 금석문 역시 마찬가지다. 백제나 가야에 관련한 금석문은 전반적으로도 수효가 매우 적은 형편인데, 거기에다 고대 일본과의 관계와 관련된 내용이 담긴 금석문이라면, 정말 미미하다고 표현할 수 있을 정도로 적은 실정이다.

그럼에도 불구하고 이 같이 극도로 제한적인 사료를 가지고 섣불리 전체적인 모습을 설명하고자 덤벼든다면, 마치 장님이 코끼리의 일부분만을 만지고 전체를 판단하는 것과 같은 황당한 상황이 발생할 수밖에 없다.

고대 한일 관계의 실체를 제대로 복원하는 데에 있어 넘어야 할 산은 이 정도에 그치지 않는다. 《삼국사기》가 시대적으로 한참 후대에 편찬된 사서라는 점도 커다란 문제점 중의 하나이다. 역사적 사건이 발생한 시점부터 이를 사서에 정리하는 시점까지, 그 기간이 길어지면 길어질수록 이에 비례하여 기록의 소실을 동반하기 때문에 앞서 언급했던 기록의 부실함을 유발시킬 뿐만 아니라, 많은 사관(史官)의 손을 거치게 되므로 필연적으로 다수의 왜곡과 오류 역시 발생할 수밖에 없다. 《삼국사기》는 그 시대를 살았던 당사자들이 직접 남긴 기록이 아닌 통일신라인과 고려인의 손을 거친 역사서이다. 그렇기 때문에 '승자'인 신라인에 의한 왜곡과 수정이 가해졌을 가능성이 크다.

여기에 또 다른 문제점은 시대의 변천에 따라 각종 제도와 세계관의 변화가 불가피하는 것이다. 이 점을 고려한다면 한참 후대인인 고려인의 시각에서 삼국시대의 모습을 완벽하게 재현한다는 것은 거의 불가능한 일이다. 몇십 년도 아니고, 무려 500여 년 이상의 차이가 나는 먼 옛날인 삼국시대 사람들의 생활 모습과 정치 제도, 가치관 등을 어떻게 제대로 이해할 수 있겠는가. 그러한 입장에 처한 고려인들이 삼국의 역사를 서술하다 보면, 이 과정에서도 본의 아니게 당시의 시대 모습과는 거리가 있는 역사 서술이 이루어졌을 가능성이 다분하다. 더욱이 《삼국사기》는 통일신라와 고려에 의해 두 번이나 재해석된 사료를 참고하였다는 점을 감안해야 한다.

　각국의 사서가 자국 중심적으로 기록되었다는 문제점도 존재한다. 특히 《일본서기》의 경우 그 정도가 매우 심각하다. 《일본서기》는 본래 일본 천황가의 권위를 높이려는 목적으로 편찬되었기 때문에 천황과 고대 일본 왕조의 행적은 상당히 윤색되어 있는 데 반해, 상대적으로 한반도 왕조들에 대한 서술에서는 비하와 왜곡이 매우 심하다. 따라서 《일본서기》 원문에서 정확한 사실을 가려내기란 쉬운 일이 아니다.

　한국이나 중국 등 다른 국가의 사서들 역시 《일본서기》처럼 심각하진 않더라도, 자국에 유리한 사실은 과장하고 불리한 사실은 숨기거나 미화한 사례가 전혀 없다고 단언할 수는 없을 것이다.

　남아 있는 사료의 수량이 비록 많지는 않더라도 그것들이 대체로 상호 통일적이고 흐름이 이어지는 내용을 담고 있다면, 고대사 복원 작업이 훨씬 수월하게 진행될 수 있을 것이다. 하지만 사료가 부족할 뿐만 아니라 이처럼 각국의 주관대로 기록이 작성되다 보니 같은 시대를 다루면서도, 각 사서들 간에 내용이 어긋나거나 모순되는 부분들이 적지 않다. 그래서 이

점 역시 고대사 복원에 있어 상당한 장애로 작용하고 있다.

물론 이러한 여러 사서들 덕분에 우리는 고대사에 대한 기본적인 지식 체계를 갖출 수 있었고, 여전히 고대사 연구에 있어서 가장 기초적 자료가 되어 주는 매우 소중하고 고마운 존재임을 부정할 수는 없다.

다만, 특정 사서나 사서의 특정 부분에만 매몰되어 그것만을 가지고 섣불리 당시의 상황 전체를 판단하려 들거나, 사서에 나오는 기록을 아무 의심 없이 무조건적으로 받아들이려는 자세는 곤란하다. 다양한 사료를 두루 접하여 한쪽 내용에만 시야가 쏠리는 불균형적 자세를 지양해야 하며, 사료 검토 시 항상 객관적 시각을 가지고 다른 사료들과 비교해 보는 등의 방법을 통한 적절한 검증(교차검증)을 거쳐, 오류와 왜곡이 있다면 이를 최대한 걸러내고 가급적 신뢰할 수 있는 내용만을 받아들이는 지혜가 반드시 필요하다.

*

그런 의미에서 칠지도 명문은 남다른 가치를 지닌다고 할 수 있다. 칠지도는 당시대에, 당사자들 간에 직접 주고받은 물품이기 때문이다. 그 안에 새겨진 명문은 이를 기록한 백제 측은 말할 것도 없고, 이를 접수하여 오랫동안 소중히 간직해온 왜 (倭) 측 역시 명문의 내용을 전적으로 인정했다는 증거가 된다. 그러니까 **칠지도 명문은 양측 모두에게 공인된 '공식 문서'**인 것이다. 이는 후대 사람이 편찬하였거나, 당사자가 아닌 제 3 자들에 의해 기록되었거나, 혹은 자국 중심의 시각으로 기록된 각종 사서들과는 내용적으로 격을 달리하는 매우 귀중한 가치를 지닌다.

결론적으로 칠지도 명문은 그 어떤 사료보다 신뢰성 높은 사료로서, 단언컨대 **고대 한일 관계의 비밀을 풀어 해쳐줄 가장 중요한 열쇠**인 것이다.

칠지도 명문의 내용 |

그럼 이 장의 핵심인 칠지도 명문의 내용에 대해 본격적으로 들어가기로 한다. 칠지도에는 다음과 같은 명문이 새겨져 있다.

앞면: 泰□四年□月十六日丙午正陽造百鍊(鐵)七支刀(出)辟百兵宜
　　　供供侯王□□□□作

뒷면: 先世以來未有此刀百濟王世子奇生聖音故爲倭王旨造傳示
　　　後世

　공란('□')으로 비워두었듯이 판독이 불가능하거나 힘든 문자
도 있고, 몇몇 문자에 대해서는 다른 문자로 보기도 하는 등의
논란도 있어서 확실치 않은 문자는 괄호를 쳐서 구별되게 표시
했다. 하지만 대체로 위와 같은 문자들이 새겨져 있다고 알려
져 있다.

명문의 구조 |

　명문의 구조는 다음과 같다.

　명문의 첫머리인 "泰□四年□月十六日丙午正陽" 부분은 칼의
제작 연월일이다. 그 다음 "造百鍊(鐵)七支刀(出)辟百兵宜供供侯
王"은 칠지도의 특징을 서술해 놓은 것이다. 앞면 마지막 □□
□□作은 판독이 불가능한 문자들이 많지만, 맨 뒤에 있는 '作'
자의 존재로 그 앞에 있는 4자는 일반적으로 이 칼의 제작자
로 추측된다.

후면 "先世以來未有此刀百濟王世子奇生聖音故爲倭王旨造傳示後世"는 전체적으로 칼의 제작 및 전달 목적을 서술한 것으로 보인다.

종합해 보면, 칠지도 명문은 이 칼의 제작연월일, 특징, 제작자, 제작 및 전달하는 목적을 차례로 서술해 놓은 것이라고 볼 수 있다. 군더더기 없이 핵심적인 내용만을 새겨 넣은 것이다.

제작 연도가 가장 중요하다 |

이제 명문의 내용을 구체적으로 살펴보도록 하자. 명문의 문장 첫머리에는 제작 연도가 나온다. 이는 칠지도 명문 중 가장 뜨거운 논쟁을 불러일으키는 부분일 뿐만 아니라, 명문을 정확히 해석하는 데에 있어 가장 큰 해결의 실마리를 안겨주는 핵심 중의 핵심이다.

연도가 중요한 이유는 해당 시대에 관련한 기록들과 유물들의 도움을 받을 수 있기 때문이다. 제작 연도가 명확하면 다른 사료들과의 비교·보완이 가능해져 명문의 내용을 보다 거시적 시각에서 충실하게 해석할 수 있도록 도움을 준다.

명문의 첫머리에 있는 '泰□'는 연호를 나타낸다. 두 번째 글자는 판독에 어려움이 있어 빈칸으로 두었지만 '和'로 보는 시각이 지배적이다. 그래서 대부분의 학자들은 이를 '태화(泰和)'로 판독한다.

그런데 글자 '泰(클 태)'와 '太(클 태)'는 음과 뜻이 같은 통자(通字)이기 때문에 '泰和'는 '太和'와 같은 것으로 보기도 한다. '태화(太和)'는 중국 위진남북조(魏晉南北朝) 시대의 국가들인 위(魏), 동진(東晉), 북위(北魏)가 썼던 연호이다. 그래서 기존에는 일본 학계를 중심으로 '태화(泰和)'는 위, 동진, 북위 이 세 개의 국가 중 하나가 사용했던 연호일 것이라 가정하고 칠지도 제작 연도를 추측해왔다.

그중에서도 동진의 연호로 보는 시각이 일반적이기 때문에, '태화4년'을 서기 369년이라고 보는 연구자들이 상당히 많다.* 그렇게 추측하는 가장 중요한 이유는 비슷한 시기에 칠지도의 출현을 알리는 사서의 기록이 있기 때문이다. 《일본서기》에는 신공황후 52년에 백제에서 칠지도(七枝刀)와 칠자경(七子鏡) 등 여러 보물들을 보내 왔다는 사실이 기록되어 있다. 많은 학자들이 이 기록을 근거로 칠지도의 '태화'가 동진의 '태화'임을 주장

---

* 동진은 '태화(太和)'라는 연호를 366년부터 썼다. 그래서 동진의 태화4년은 369년이 된다.

한다.

신공황후 52년은 원래 서기 252년이지만, '이주갑인상설(二周甲引上說)'*에 의해 보통은 서기 372년으로 인식한다. 372년이면 동진의 태화4년(369년)과 시간적으로 별반 차이가 없다. 물론 3년의 오차가 발생하긴 하는데 이 정도의 차이는 기록상의 사소한 오류로 보거나, 또는 칠지도의 제작은 369년에 그리고 왜로 보낸 것은 372년에 했다는 식으로 설명하기도 한다.

《일본서기》 기록을 근거로 한 이러한 '칠지도 369년 제작설(이하 '369년설')'은 일본 학계에서 적극적으로 주장하는 학설이다. 이는 임나일본부설과 직결되기 때문이다. 칠지도는 신공황후가 근초고왕으로부터 '진상' 받은 것이라고 서술되어 있는《일본서기》의 기록과, 일본에 있는 칠지도 실물의 존재는 고대 일본이 백제에 대해 우위를 점했음을 확인시켜준다고 보기 때문에, 임나일본부설의 유력한 증거가 된다는 것이다.

그런데 아이러니하게도, 한국 학계에서 가장 널리 인정받는 학설 역시 '369년설'이다. 교과서나 각종 역사 관련 서적에서는 대부분 369년설에 입각해서 칠지도를 소개하고 있다. 이 같은

---

* 신공황후 기록 이후에는 《일본서기》 기록의 연도에 2주갑(二周甲), 즉 120년(1주갑은 60년의 기간이다)을 더하면 《삼국사기》 기록의 연도와 대체적으로 일치하게 된다. '이주갑인상설'은 이러한 사실에 근거하여, 《일본서기》의 연도에 120년을 더해야 실제 올바른 연도를 알아 낼 수 있다고 설명하는 학설이다.

현상이 벌어지는 까닭은 한국 학계에서는 물론 임나일본부설을 터무니없는 학설로 부정하지만, 한편으로 369년에 백제에서 왜로 칠지도가 건너갔다고 전한 《일본서기》의 기록 자체는 역사적 사실을 반영한다고 보고 있기 때문이다.

혹은, 369년은 백제의 전성기인 근초고왕 시대였으니만큼 해상 국가인 백제가 그 무렵쯤 왕성한 해외 진출과 교역을 진행하였으리라고 추측하면서, 칠지도가 그러한 해상 교류 활동의 산물이라고 인식하기 때문이다. 결과적으로 세부적 근거는 다르지만 어쨌든 한국과 일본, 양국 학계에서는 모두 '369년설'이 가장 널리 인정받고 있는 상황이다.

《일본서기》에 대하여

　《일본서기》하면 한국인 시각에서는 일반적으로 '온갖 왜곡·과장으로 점철된 사서'라는 부정적 인식이 강하다. 그래서 일각에서는 사서라기보다는 '판타지 소설'에 가까운 책이라고 폄하하는 극단적인 평가를 내리기도 한다. 실제로 《일본서기》는 과장과 왜곡이 심각한 것이 사실이다. 특히 오래된 기록으로 올라갈수록 더욱 그렇다.

　이를테면 임나일본부설을 등장토록 하는데 원동력이 된 한반도 왕조들에 대한 온갖 비하적인 내용과 현실성 없는 기행(奇行)적 내용의 난무, 거기에다 사건의 시간적 착오까지 다수 발생한다는 점이 그러하다. 그리고 《일본서기》전면에 걸쳐 드러나 있는 자국의 행적에 대해 끝없이 윤색된 서술도 이에 한몫하고 있다.

　하지만 그럼에도 불구하고, 《일본서기》에는 한국 고대사 연구에 있어 참고할 만한 기록이 적지 않은 것 또한 사실이다.

　한국 쪽 사서인 《삼국사기》는 한국 고대사의 기본 사료로서 신뢰성 있는 사서이나 내용이 매우 간략하다는 단점이 있다. 특히 백제사와 관련해서는 더욱 그렇다. 이는 신라와 고구려의 기록과 비교해 보면 극명하게 드러난다. 한국 고대사의 또 다른 기본 사료라고 할 수 있는 《삼국유사》의 경우, 그 정도가 더욱 심각하여 사서의 이름에 '삼국(三國)'이라는 말이 들어가는 것이 무색할 정도로 백제사 관련 비중이 매우 작고 신라사에 치중되었다는 한계를 지닌다.

이렇듯 극심한 사료 부족에 시달리는 것이 현 백제사 연구의 커다란 장애 요인이다. 그런데 이와 같이 척박한 상황 가운데 단비와 같이 적잖은 도움을 주는 사료가 바로 《일본서기》이다.

《일본서기》에는 《삼국사기》에 수록되지 않은 백제를 비롯한 고대 한반도 국가들과 관련한 풍부한 기록이 실려 있다.

일례로, 고대 일본에 각종 문물을 전해준 인물로 유명한 왕인(王仁)과 아직기(阿直岐)는 그 이름과 행적이 《삼국사기》에서는 전혀 실려 있지 않고 오직 《일본서기》에 실려 있을 뿐이다. 또한 구이신왕에 대하여 즉위와 사망 기사 외엔 다른 기록이 전혀 없는 《삼국사기》의 기록에 비해, 《일본서기》에는 그와 관련한 좀 더 많은 기록이 서술되어 있기도 하다.

이밖에도 수많은 한반도인들이 왜로 이주한 사실이라든지, 한반도인들이 일본에 여러 문물을 전해준 사실 등 《삼국사기》를 통해서는 접하기 어려운 다양한 기록들이 담겨 있다.

《일본서기》는 이처럼 사료 부족에 허덕이는 한국 고대사 연구에 양적으로 보탬이 되는 한편, 경우에 따라서는 《삼국사기》의 기록을 보정해 주는 역할도 하고 있다.

이에 대한 가장 대표적 사례가 백제 성왕(聖王)이 사망에 이르는 과정이다. 《삼국사기》에는 성왕이 50명의 기·보병(騎步兵)을 이끌고 신라군을 급습하려다 오히려 그들의 매복에 걸려 해를 입은 것으로 되어 있다.

반면에 《일본서기》에는 전장에서 오랫동안 고생하고 있는 왕자 창(昌: 후의 위덕왕)을 위문하고자 50명의 호위군을 이끌고 나섰다가 신라군의 매복에 걸려 살해당했다고 나와 있다.

이 사건에 관한 《삼국사기》와 《일본서기》 이 두 가지 기록을 비교해보면 신뢰성 면에서 솔직히 《일본서기》 쪽에 손을 들어주고 싶다. 그 이유는 다름 아닌 《일본서기》의 내용이 더욱 구체적이고 현실성이 있기 때문이다. 성왕과 함께했던 50명의 군사는 현실적으로 기습작전을 위한 병력(《삼국사기》의 입장)이라기보다, 호위를 위한 병력(《일본서기》의 입장)이라고 봄이 더욱 자연스럽다.

《삼국사기》의 내용처럼 고작 50명의 군사로 그것도 국왕이 직접 출전해 기습작전을 감행한다는 것은 누가 봐도 왕의 명운을 재촉하는 위험천만한 행동이다. 비유하자면, 몸에 기름을 뿌린 상태에서 일부러 불구덩이를 찾아 뛰어드는 격이라고 할 수 있을 것이다. 무릇 왕이 직접 나서는 전투라면, 아무리 소수정예로 진행되어야할 기습 작전이라 할지라도 최소 몇 백 명은 이끌고 가야 하지 않을까.

이렇듯《일본서기》는 한국 고대사와 고대 한일 관계사에 대한 중요한 정보를 상당수 제공하는 사료이다. 따라서 그 가치를 무조건적으로 과소평가해서는 절대 안 된다.《일본서기》기록 중 신빙성이 떨어지는 내용은 물론 확실히 걸러 내야겠지만, 검증을 통해 신뢰할 만하다고 여겨지는 내용은 적극적으로 받아들임으로써《일본서기》를 한국 고대사 연구에 보다 능동적으로 활용할 줄 아는 지혜가 필요하다 할 것이다.

그런데 최근에 칠지도의 제작연도에 관한 새로운 학설이 대두되고 있다. 역사학자 홍성화가 제기한 '칠지도 408년 제작설(이하 '408년설')'이 바로 그것이다. 이 학설이 등장하게 된 동기는 명문의 '태화4년' 다음에 나오는, 칠지도의 제작일자를 나타내는 문구인 '□월16일병오정양(□月十六日丙午正陽)'에서 공백('□')으로 표시된 문자의 새로운 발견에서 비롯된다.

이 공백 문자는 원래 '五' 또는 '六'으로 판독하는 것이 일반적이었다.[*] 그래서 칠지도는 '5월' 16일(또는 6월 16일)에 제작되었다고 보았다. 그런데 홍성화는 최근 이 같은 인식을 뒤엎을 만한 새로운 사실이 밝혀졌음을 주장한 것이다. 그는 2009년에 발표한 자신의 논문을 통해, 무라야마 마사오(村山正雄)라는 일본인 학자에 의해 간행된 《석상신궁칠지도명문도록(石上神宮七支刀銘文圖錄)》에 칠지도 명문의 확대 근접사진과 NHK방송사에서 촬영한 X-레이 사진이 실려 있었음을 언급하고 있다.

이들 사진은 칠지도 명문을 판독하는 작업에 있어 큰 전환점이 되어 주었다. 사진을 통해 기존에 불분명하다고 여겨졌던

---

[*] 대체로 '五'로 인식하였다. 이는 5월병오(五月丙午)가 칼이나 거울을 만들기에 길한 날이라고 여겨졌기 때문이다.

명문의 문자들이 정확히 어떤 문자였는지 밝히는 데 많은 도움을 주었기 때문이다. 특히 칠지도의 정확한 제작월수를 알아내는 데 결정적인 역할을 하였다.

사진들을 면밀히 조사한 결과, 공백의 문자는 '五'나 '六'이 아닌 '十口'이었음이 드러났다. 기존에 알려져 있던 숫자와 다른 데다 들어갈 문자 개수가 하나가 아닌 둘이었다는 사실을 밝혀낸 것이다. 1년은 12월까지 있으니 '十'자 다음의 공백에 들어갈 문자는 정황상 '一' 내지는 '二'가 될 것이다. 결국 칠지도는 5월(또는 6월)이 아닌 11월 혹은 12월*에 제작된 것임이 밝혀진 셈이다.**

날짜와 함께 또 한 가지 중요한 것은 그 다음에 나오는 '병오정양(丙午正陽)'이라는 문구이다. 이것이 왜 중요한가 하면, 제작일자와 일간지(日干支)를 함께 이용하여 이 두 가지가 일치하는 연도를 추적하면, 칠지도의 정확한 제작 연도를 알아내는 데 큰 도움을 얻을 수 있기 때문이다.

---

*   11월 설이 12월 설보다 더 많은 지지를 받는 상황이다.
**   사실 무라야마가 칠지도를 촬영한 것은 1977년과 1978년의 일이고, NHK가 칠지도를 X-레이로 촬영한 해는 1981년이라 둘 다 30년 이상 된 오래전 일이다. 따라서 일본인 학자에 의해 칠지도가 5월이 아닌 11월(12월)에 제작 가능성이 제기된 것 역시 최근의 일은 아니다. 하지만, 이 같은 사실이 널리 알려지지는 않았고, 한국에서도 홍성화 등을 통해 최근에 와서야 알려지게 된 것이다.

쉽게 말해서 '11월 16일(또는 12월 16일)이면서 병오일(丙午日)인 날'이 있는 연도를 찾으면 된다는 뜻이다. 먼저 11월 16일이면서 병오일인 날을 추적한 결과 서기 408년, 439년, 501년, 532년에 있었고, 12월 16일이면서 병오일인 날은 서기 413년, 537년, 563년, 594년에 있었다.*

11월 16일이면서 병오일이 있는 해	408년 (전지왕4년)	439년 (비유왕13년)	501년 (무령왕1년)	532년 (성왕 10년)
12월 16일이면서 병오일이 있는 해	413년 (전지왕9년)	537년 (성왕15년)	563년 (위덕왕10년)	594년 (위덕왕41년)

홍성화는 이중에서 특히 408년에 주목하였다. 이 해는 다름 아닌 전지왕 4년이었기 때문이다. 이는 '태화4년'과 연수가 일치한다. 그뿐 아니라 이 당시는 〈광개토왕비문(廣開土王陵碑文)〉(이하 '광개토왕비문')에 나와 있듯이 백제와 왜가 화통(和通)하여 고구려에 대항하는 연합작전을 펼치던 시기이다. 따라서 당시 시대적 정황으로도 408년에 칠지도를 만들었을 것이라는 가정이 들어맞는다는 게 그의 설명이다. 결국 이 같은 사실들을 바탕으로 '408년설'은 등장하게 되었다.

---

* 홍성화는 칠지도의 제작 연도로 추정할 수 있는 범위를 4세기 중엽에서 6세기까지로 한정하였다. 그러다보니 해당 연도가 8개로 좁혀질 수 있었다.

'병오정양'은 길상구인가

그러나 한편으로는 '병오정양(丙午正陽)'을 실질적 의미를 갖지 않는 상투적인 표현, 소위 '길상구(吉祥句)'로 바라보는 시각이 있다. '오월병오(五月丙午)'나 '병오(丙午)'라는 문구가 길상구로 쓰인 사례가 많기 때문이다. 이는 5월 병오일이 칼이나 거울을 만들기에 좋은 날로 여겨진 데서 비롯되었다.

이러한 시각을 갖는 학자들은 자신들이 주장하는 칠지도 제작연도에, 제작일자와 '병오'라는 일간지(日干支)가 일치하는지에 대해서 큰 의미를 두지 않는다. 예를 들어 369년설을 지지하는 학자들은 대체로 칠지도는 369년 5월 16일에 만들어진 것이라고 주장한다. 그러나 369년의 5월 16일은 병오일이 아니었다!* 그럼에도 불구하고 그들은 '병오정양'은 그저 길상구에 불과할 뿐이라는 인식을 갖고 있기에, 5월 16일이 병오일이든 아니든 별다른 의미를 두지 않는다.

X-레이 촬영 등으로 칠지도가 5월이 아닌 11월(또는 12월)에 제작된 것으로 밝혀졌음에도 역시나 문제될 것이 없다는 입장이다. 그래서 369년 11월 16일(또는 12월 16일)도 역시 병오일이 아

---

* 6월 설을 주장하게 되더라도 369년 6월 16일이 '병오일'이 아닌 것은 마찬가지이다.

니었지만, 그들의 주장은 변함이 없다.

만일 '병오정양'의 길상구 설을 외치는 사람들의 말처럼 이것이 의미를 가진 단어가 아닌 단순한 길상구일 뿐이라면, 칠지도 제작일자와 '병오'라는 일간지를 이용하여 제작연도를 추정해내는 방법은 무의미해져 버릴 것이다. 그리고 이대로 408년설은 묻혀버리게 될 것이다.

*

그렇지만 '병오' 또는 '병오정양' 전체를 단순한 길상구 정도로 간주하기에는 무언가 많이 부족하다. 우선 칼이나 거울 등을 만들기 좋은 때는 5월 병오일이지, 11월이나 12월 병오일은 아니기 때문이다.

물론 제작월이 5월이 아닌 경우에는, '오월병오' 대신에 '오월'을 뺀 '병오'만을 길상구로 사용한 사례가 있었다. 그러나 칠지도는 이와 다른 경우이다. 칠지도 명문에는 제작 일자가 '오월병오'라든지 '십일월병오'라는 식으로 월(月)만 표시된 간략한 형식이 아니라, '십일월십육일병오'(또는 '십이월십육일병오')라는 월일을 제대로 갖춘 구체적인 형식이기 때문이다.

문제는 369년의 11월 16일이나 12월 16일 모두 병오일이 아니라는 데 있다. '병오'가 그저 길상구에 불과한 것이라 하더라도, 이처럼 구체적으로 나타나 있는 제작 일자가 병오일이 아니라면 그 의미가 퇴색될 수밖에 없다. 제작 날짜와 일간지의 모순이 너무나도 확연히 드러나기 때문이다.

그런데 재미난 사실은 369년 11월에 병오일이 있었다는 점이다. 11월 30일이 바로 그 날이다. 11월 16일과 시간적으로 불과 2주일 차이 밖에 나지 않는다. 408년설을 주장하는 또 다른 역사학자인 조경철은 바로 이 점을 지적한 바 있다. 그는 같은 달에 병오일이 있는데 굳이 이 날을 피해서, 일간지를 불일치시키는 모순을 드러내면서까지 11월 16일에 만들었을 가능성은 낮다고 주장한다.

사실 누가 생각해도, 제작 일자와 일간지를 불일치시키는 것은 이해할 수 없는 일이다. 불과 며칠만 더 기다리면 이 둘을 서로 완벽하게 일치시킬 수 있다. 그리하여 지금처럼 제작 일자와 일간지가 확연히 어긋난다는 결점을 피할 수 있음은 물론, 실제 '칼을 만들기 좋은 날'에 딱 맞춰 만든 것이 되므로 칠지도의 가치를 더욱 부각시킬 수도 있다. 그럼에도 굳이 이 둘을 서로 어긋나게 할 이유가 있을까?

'병오'의 '길상구 설'이 가진 문제는 이것으로 그치는 것이 아니다. 그 문제는 '병오'에 '정양(正陽)'이란 단어가 덧붙여졌다는 사실에서 비롯된다. 보통은 '오월병오' 또는 단순히 '병오'라고 쓰였기 때문이다. 그렇지만 고대 금석문 중에서 이처럼 '병오정양'이라는 문구가 길상구로 쓰인 사례는 찾아보기가 거의 불가능하다. 길상구로는커녕 '병오정양'이라는 표현 자체를 칠지도 명문을 제외한 다른 곳에서는 찾아보기 매우 힘들다.

이러한 이유 때문인지 길상구 설을 주장하는 학자들은 '정양'이라는 단어의 존재는 크게 부각시키지 않고, 그저 '병오'에만 관심을 치중하는 경향이 있다. '병오'가 길상구로 널리 애용되어왔다는 사실을 근거로 칠지도 명문의 '병오정양' 역시 길상구일 것이라는 주장을 하는 것이다.

하지만 이 같은 주장은, '병오' 뒤에 '정양'이라는 말이 붙음으로써 얻을 수 있는 효과를 지나치게 간과한 듯한 느낌이 든다. '병오정양'이라는 생소한 표현이 등장했음에도 불구하고 이를 그저 평범한 길상구로 치부하면서, 이에 대한 이렇다 할 설명이나 배려가 전혀 없기 때문이다.

물론 '병오정양'과 비슷한 형태를 지닌 '병오일중(丙午日中)'이나 '병오시가일중(丙午時加日中)'이라는 길상구를 중국 사서와 금석문을 통해 더러 찾아 볼 수 있기는 하다. '정양'은 '한낮'이라는 뜻을 갖고 있기 때문에 의미 면에서 사실상 '일중(日中)'과 동일한 표현이다. 그래서 길상구 설을 주장하는 학자들은 '정양'의 존재를 그다지 특별하게 생각하지 않는 것인지도 모른다.

그렇지만 이같이 비슷한 표현이 있었다는 사실로 하여금, 오히려 어떤 이유로 인해 '병오정양'이라는 전에 없던 표현을 굳이 새로 만들어 쓰게 된 것일까라는 의문을 자아내게 할 뿐이다. '정양'이나 '일중'이나 동일한 표현이라면, 칠지도에도 역시 전례대로 '병오일중'이라고 했으면 될 일이다. 그럼에도 구태여 '병오정양'이라는 새로운 표현을 만들어 쓰게 된 이유는 무엇인가. **이는 단순한 길상구가 아닌, 칠지도가 실제로 병오정양에, 즉 병오일 한낮에 제작되었다는 것을 강조하기 위함이 아니었을까.**

그래서 최종적으로 정리하면, 제작일자와 일간지의 불일치 문제 그리고 '병오정양'이라는 새로운 표현의 등장은 이를 단순한 길상구로 취급하는 것에 대한 위화감을 들게끔 한다는 것이다.

연호의 문제 |

이처럼 새로운 연구 성과들과 기존 통설에 대한 취약점을 바탕으로 408년설이 조금씩 힘을 얻고 있는 것이 사실이다. 하지만 이정도로 408년설이 옳다고 곧바로 단정 지을 수는 없다. 이 학설이 보다 더 확고한 신뢰를 얻기 위해서는 명문 처음에 나오는 연호인 '태화(泰和)'를 반드시 짚고 넘어가야 한다.

'태화'는 앞서 언급했듯이 위·동진·북위 등 중국 왕조의 연호라고 보는 시각이 많았다. 하지만 '태화'가 중국의 연호일 경우 408년설은 논리적 모순에 봉착하게 된다. 중국 어느 왕조의 '태화 4년'이든지 408년은 아니기 때문이다.

'태화'는 백제의 연호인가 |

'태화(泰和)'가 중국의 연호가 아니라고 한다면 백제의 연호라고 생각할 수밖에 없다. 그렇기 때문에 408년설이 보다 폭넓은 지지를 얻기 위해선 '태화'가 백제 고유의 연호란 것을 증명해 내야 한다. 애초에 408년설이 나올 수 있었던 중요한 이유 중 하나가 '태화4년'과 '전지왕 4년(408년)'의 연수가 같았기 때문이다. 따라서 408년설은 기본적으로 '태화'가 백제의 연호라는 전제하에 성립된 학설이며, 408년설을 주장한다는 것은 '태화'가 백제의 연호라고 주장하는 것과 다름없다.*

---

*　하지만, 반대로 '태화'가 백제의 연호일 것이라고 주장하는 학설('태화백제연호설')

그러나 '태화'가 백제의 연호일 것이라고 쉽게 단정내리기는 힘들다. 전지왕 시대에 백제가 독자적인 연호를 쓴 게 맞는지 보충해 줄 만한 증거가 없기 때문이다. 솔직히 전지왕 시대뿐만 아니라 백제 왕조 전반에 걸쳐 살펴봐도, 독자적인 연호를 사용하였다는 흔적은 아쉽게도 아직까지 찾아볼 수 없다.

백제 시대 금석문인 〈무령왕릉지석문〉을 보면 연도는 간지(干支)로 표시되어 있다.* 백제 시대의 다른 금석문인 〈다리작명(多利作銘) 은팔찌 명문〉이나 부여 〈사택지적비(砂宅智積碑) 명문〉 등에도 마찬가지로 간지로 연도를 표시했다. 백제는 이처럼 간지를 이용하여 연도를 표시하는 것이 일반적이었다. 그래서 현재 남아 있는 금석문이나 사서 등을 가지고서는 백제의 연호 사용 여부를 판가름할 길이 없다.

이 때문에 '태화(泰和)'가 중국의 연호일 것이라고 주장하는 학자들이 많다. 이는 비슷한 시기에 중국에서 '태화(太和)'라는 음과 뜻이 비슷한 연호를 사용했기 때문이기도 하다고 앞서 언급한 바 있다.

을 지지한다고 해서 408년설을 지지한다는 뜻은 아니다. 현재 '태화백제연호설'를 지지하는 학자들은 많지만, 408년설을 지지하는 학자는 아직 소수인 상황이다.

* 앞서 날짜를 간지(干支)로 표현하는 것은 일간지(日干支)라고 하였는데, 이번처럼 연도를 간지로 표현하는 것은 연간지(年干支)이다.

하지만 이에 대한 반론이 존재한다. 이것은 물론 '태화(泰和)'의 백제 연호설을 지지하는 학자들의 입장이다. 이들은 '태화'의 중국 연호설을 지지하는 학자들이 '泰和'와 '太和'를 같은 것으로 봐도 무방하다는 생각에 일침을 가한다. '泰'와 '太'는 음과 뜻이 상통하는 글자라 하더라도, 이 둘은 엄연히 다른 문자이기에 '泰和'는 '泰和'일뿐 '太和'가 될 수는 없는 것인데, 어째서 이 둘이 같은 것이냐고 반문한다.

사실 상식적 시각에서 봤을 때에도 이들의 주장은 일리가 있다. '태화'가 중국의 연호라면 칠지도 표면에 '泰和' 보다는 '太和'로 새기는 편이 훨씬 간단했을 것이다. 아무리 상통하는 글자라 하더라도 원래의 연호에 들어가야 할 '太'자 대신, 굳이 획수도 많고 모양도 복잡한 '泰'를 선택함으로서, 명문을 새길 때 생기는 괜한 불편함을 감수해야 할 이유는 없어 보인다.

게다가 중국 역대 왕조는 '泰和'를 중국의 연호로 사용한 적이 거의 없었다. 오로지 한 번 사용했을 뿐인데, 그마저도 백제시대보다 한참 이후인 금(金)나라 때 잠시 사용한 것뿐이어서 (1201~1208년에 쓰임), 그다지 큰 의미는 없다.

결국 백제가 자체적인 연호를 사용하였는지 알 수 없는 것과 마찬가지로, '백제가 중국 왕조의 연호를 사용하였는가'의 여부 역시 확인이 불가능한 상황이다. 백제가 중국의 연호를 빌려 썼다는 흔적도 전혀 발견할 수 없기 때문이다.

　문제는 백제의 것인지 중국의 것인지 확실히 알 수 없지만, '泰和'는 분명 연호라는 점이다. 이러한 '泰和'를 두고, 고구려, 신라도 독자적인 연호를 사용했으므로 백제 역시 고유의 연호를 썼을 가능성이 크다는 것을 근거로 '백제 고유의 연호로 봐야 한다'는 주장과 한국 역대 왕조들이 중국의 연호를 빌려 사용한 경우가 많다는 사실에 근거하여 '그 역시 중국의 연호일 것이다'라는 주장이 서로 팽팽하다. 이러한 교착 상태로부터 생각을 이어나가기 위해서는 한쪽의 주장을 선택하여 가설을 세울 수밖에 없다.

　이에 필자는 '泰和'가 백제의 연호일 것이라 가정하고, 더 나아가 칠지도가 408년에 만들어졌다는 가설 하에 글을 전개해 나갈 것이다. 물론 아직은 더 많은 보완이 요구되는 가설로 보일 수 있다. 일간지와 제작 날짜가 일치하고 연수가 같다는 기본적인 사실 외에도, 좀 더 충분한 근거가 필요한 것이 사실이다.

　그럼에도 408년설이 다른 학설들보다 훨씬 신뢰성이 높다고 확신한다. 왜 그러한지는 이후의 내용들을 통해 계속해서 보충해 나가도록 하겠다.

---

*　당시 고구려에서는 '영락(永樂)'이라는 독자적인 연호를 사용하기 시작했다. 고구려의 라이벌이었던 백제로서는 이 사실에 크게 영향 받았을 것으로 추정된다.

후왕(侯王) |

그럼 계속해서 칠지도 앞면의 그 다음 글자들을 해석해 나가기로 한다. 명문에서 제조연월일 다음에 나오는 내용인 "造百鍊(鐵)七支刀(出)辟百兵宜供供侯王□□□□作"을 해석하면 대체로 이러한 뜻이다.

"백 번이나 단련한 철로 된 칠지도를 만들었다. (칠지도는) 모든 병해(兵害)를 물리칠 수 있어 마땅히 후왕에게 줄만하다. □□□□가 만들었다."

"造百鍊(鐵)七支刀(出)辟百兵"까지는 위와 같은 해석에 대체로 이견이 없는 편이다.* 대략적으로, 칠지도는 온갖 정성을 다해 제작한 아주 훌륭한 보도(寶刀)임을 강조하는 내용이다.

괄호 안의 글자는 다른 글자로 판독될 여지가 있다. 특히 두 번째 괄호 안에 들어가야 할 글자는 학자에 따라 '出'자가 아닌 '生'자로 보기도 한다. '生'자가 맞는다면 문장의 해석이 약간 달라지기는 하겠지만 괄호 안의 문자가 '出'이든 '生'이든, 해당 문

---

* 다만 '백병(百兵)'은 '모든 병해'의 의미 대신에 '많은 수의 적병(敵兵)'을 뜻하는 단어일 여지도 있다.

장이나 명문 전체의 해석에 큰 영향을 미치는 것은 아니다. 따라서 이 문장 앞부분은 이쯤에서 넘어가기로 한다. 다만 문장 뒷부분의 일부인 "의공공후왕(宜供供侯王)"에 대해서는 좀 더 자세하게 짚고 넘어갈 필요가 있다.

"마땅히 '후왕'에게 줄만하다."라는 뜻을 지닌 "의공공후왕(宜供供侯王)"에서 가장 이목을 집중시키는 단어는 단연 '후왕(侯王)'이다. '후왕'은 말 그대로 제후국의 왕이라는 뜻이다. 그런데 이렇게 후왕이라는 개념이 존재한다면, 그보다 상위에 있는 종주국의 왕 또한 존재하리라는 것을 짐작할 수 있다. 따라서 이 문구를 통해 칠지도는 '후왕에게 마땅히 줄만 한 칼'이므로 칠지도를 받는 쪽은 후왕이고, 주는 쪽은 그보다 상위에 있는 왕이라는 것임을 알 수 있다.

명문 구조상 이 '후왕'이란 단어는 칠지도 뒷면의 '왜왕'이란 단어에 대응된다. 즉 앞면의 '후왕'은 뒷면에 나오는 '왜왕'을 가리키는 말이라는 것이다. 이 사실은 백제왕이 왜왕보다 상위에 있던 입장이었음을 강력하게 시사한다.

이 때문에 남북한의 많은 역사학자들은 이 '후왕'이라는 단어에 상당한 관심을 보여 왔다. 그도 그럴 것이 고대 한일 관계의 문제에 있어, 이전에는 임나일본부설 등 고대 한국이 고대 일본에 비해 열세적 입장에 놓여 있었다던 주장이 대부분이었다. 하지만 '후왕'이라는 단어 하나로 그간의 주장들을 단번에 역전시켜 줄 계기를 마련했기 때문이다. 예컨대 분국설을 주장했던 김석형은 그의 학설을 뒷받침해줄 핵심 증거의 하나로 칠지도 명문을 들었는데, 그중에서도 바로 이 '후왕'이라는 단어가 결정적이었다.

'후왕'은 의례적인 존칭 또는 길상구인가 |

그러나 한편으로 이를 다른 시각에서 보는 연구자들이 있다. 이들은 '후왕'이 '제후국의 왕'이라는 뜻으로 쓴 것이 아니라고 주장한다. 그 주장의 핵심은 '후왕'이 오래전부터 상대에 대한 존칭의 의미로 사용한 사례가 많았기 때문에, 칠지도 명문에서의 '후왕'도 역시 같은 용법으로 사용된 것이라고 설명한다.

또 다른 시각으로 '의후왕(宜侯王)'이라는 문구가 금속제 칼이나 거울의 명문에 길상구로 자주 쓰였었다는 사실을 근거로, 이와 엇비슷한 문장 구조의 "宜供供侯王" 역시 의례적인 길상구일 가능성이 크다고 보기도 한다.

결국 그들은 '후왕'이 존칭 또는 길상구 등으로 별다른 의미 없이 쓰인 의례적 표현이라는 주장을 펼친다. 그러나 그들이 이와 같은 주장들을 통해 진심으로 이야기하고자 하는 바는 따로 있다. 바로 백제왕이 왜왕보다 우위에 있었던 것이 아니라는 것이다. 그들은 왜왕이 백제왕보다 '상위'에 있었거나, 적어도 '대등한' 관계였다고 본다. 때문에 '후왕'을 단어 뜻 그대로 '제후국의 왕'으로 본다면 그들의 주장이 흔들릴 수밖에 없을 것이다.

그러나 문제는 '후왕'이 단순히 길상구나 존칭의 표현으로 쓰인 것이라면, 이것이 좋은 뜻에서 쓰인 용어라 하더라도 받는 쪽으로 하여금 심한 불쾌감을 불러일으킬 소지가 크다는 데 있다. 이는 '후왕'이 중의적 의미를 갖고 있기 때문에 발생되는 문제이다.

앞서도 이야기했듯이, 칠지도의 '후왕'은 뒷면의 '왜왕'을 가리킨다. 칠지도가 그저 개인 간에 주고받은 물품도 아니고 '대등'하거나 '상위'의 국가에 건네주는 경우라면, 이 과정에서 '후왕'이라는 단어를 쓰는 것은 심각한 외교적 결례가 된다. 그로 인해 불필요한 외교적 마찰을 불러일으킬 수도 있다.

이는 설령 주는 측에서 존칭 또는 단순한 길상구로 사용한 것이라 할지라도, 받는 측이 글자 그대로의 뜻인 '제후국의 왕'으로 받아들일 수 있기 때문이다. 상대국의 군주를 본의 아니게 일개 속국의 군주로 격하(格下)시킴으로써 상당한 모욕감을 느끼게 만드는 상황을 유발시킨다는 것이다.

그러므로 '후왕'을 존칭이나 길상구로 쓰는 것은 개인 간에는 아무런 문제가 되지 않을지언정 대등한 국가 사이에서나 또는 특히 하위 국가가 상위 국가를 대하는 경우에서라면 반드시 피해야 하는 것이다. 아무리 좋은 의도로 쓴 의례적 길상구라 하더라도, 때와 상황은 가려야 하는 법이다. 그런 의미에서 이 '후왕'이라는 용어는 상위 국가가 하위 국가에게 쓰는 경우가 아니라면, 전혀 적합하지 않은 표현인 것이다. 따라서 칠지도 명문의 '후왕'이 존칭 내지 단순한 길상구일 것이라는 주장은 좀처럼 납득하기 어렵다. 명문의 '후왕'은 길상구가 아닌 원래 뜻대로 '제후국의 왕'이란 의미로 보는 것이 적절하다.

---

* 앞서 '병오정양'도 그렇고 '의공공후왕'도 마찬가지로 기존에 흔히 쓰였던 길상구의 형식을 일정 부분 차용하면서도, 한편으로 그 정형성을 파괴한 면이 있다.('병오일중' → '병오정양'/ '의후왕' → '의공공후왕')
이렇듯 길상구의 변형적 활용은 칠지도 명문의 특징이다. 이 같은 '정형성의 파괴' 내지 '변형'을 통해 얻고자 했던 효과는 무엇일까. 길상구의 형식을 빌리면서도 그 형식을 답습하지 않고 나름의 변화를 줌으로써 전하고자 하는 메시지를 '강조'하기 위함이었거나, 아니면 당시 흔히 쓰이던 문장의 정례적 표현을 다소나마 따르고자 했던 것이 아닐까.

백제의 후왕 제도

중국 남조 제나라(南齊; 479~502)의 역사를 기술한 《남제서(南齊書)》의 백제 관련 기록을 보면, '면중왕(面中王)', '도한왕(都漢王)', '팔중후(八中侯)', '아착왕(阿錯王)', '매로왕(邁盧王)', '불사후(弗斯侯)' 등의 단어들이 언급된다. 백제왕이 큰 공을 세운 신하들에게 각각 내린 관직의 명칭들이다. 눈에 띄는 사실은, 일개 관직에 불과하면서도 그 명칭 안에 '왕(王)'이란 글자가 들어간다는 것이다. 뭔가 예사스럽지 않게 느껴진다. 이미 백제 국왕이 건재함에도 나라 안에 국왕의 책봉을 받는 '또 다른 왕들'이 존재했다니.

다소 낯선 광경일 수도 있지만 이들의 관계는 단순하다. 나라 전체를 다스리는 국왕이 있으면서도 국왕의 책봉을 받는 별개의 왕들이 존재한다는 것은, 이들이 군주에 예속된 '제후왕', 즉 '후왕'임을 말해주는 것이다. 그래서 이 《남제서》의 기록은 백제왕이 자신의 수하에 '후왕'들을 거느렸으며, 백제에 이러한 후왕 제도가 존재하였음을 알려주는 중요한 단서라고 할 수 있다.

사서를 통해 확인할 수 있는 백제의 후왕 제도는 칠지도 명문에 나오는 '후왕'과 일맥상통하는 의미를 갖는다. 결국 명문의 '후왕'은 존칭이나 길상구 등이 아닌, '면중왕', '도한왕' 등과 같은 백제왕의 다스림을 받는 실제 '제후왕'의 뜻을 지닌다는 사실을 거듭 확인할 수 있다. 칠지도는 그러니까 '마땅히 후왕에게 줄 만한 칼'로서 백제왕이 자신의 '후왕'인 왜왕에게 내리기 위해 만든 칼인 것이다.

칠지도는 오랜 세월 동안 하사(下賜)된 것인가, 헌상(獻上)된 것인가 하는 문제를 두고 학자들 사이에 의견이 첨예하게 대립해 왔다.* '하사'란 말 그대로 상위자가 하위자에게 '내려주는 것'이고, '헌상'은 그 반대로 하위자가 상위자에게 '바치는 것'을 의미한다. 두 단어 모두 기본적으로 누군가에게 무엇을 '주다'라는 뜻을 담고 있지만, 둘이 내포하는 의미의 차이는 하늘과 땅 차이만큼이나 크다. '하사'인가 아니면 '헌상'인가에 따라, 주는 쪽과 받는 쪽의 위계가 180도로 뒤바뀌기 때문이다. 칠지도가 '하사'된 것이라면 이 칼을 준 백제왕은 그것을 받은 왜왕에 비해 상위자가 될 것이고, '헌상'된 것이라면 정반대로 왜왕이 상위자가 될 것이다.

그렇지만 이 "마땅히 후왕에게 줄 만하다"는 대목을 통해 이러한 논란의 종지부를 찍을 수 있게 되었다. **칠지도는 백제왕**

---

* 　그밖에, 중국의 동진(東晉) 왕조가 백제를 통해 왜에 전달한 것이라는 학설(동진 하사설) 및 상호 대등한 입장에서 증여된 것이라는 학설 등이 있지만, 하사설, 헌상설에 비하면 근거가 빈약하여 크게 주목 받지는 못하고 있다.

이 그의 '후왕'에게 주기 위해 만든 것이므로, 칠지도는 '하사'
된 것이다.

칠지도의 제작자 |

명문의 그 다음 문장은 "□□□□作"이다. "□□□□가 (칠지도를) 제
작했다'라는 의미인데, 사실 이 문장은 칠지도 명문 전체적인 해
석에 있어서 큰 의미를 갖는다고 보기에는 힘든 부분이긴 하다.

어쨌든, "~가 (칠지도를) 제작했다'라는 해석에서 알 수 있듯이
이 문장에서 공란으로 비워져 있는 부분은 대체적으로 칠지도
를 제작한 장인의 이름이 있었을 것이라고 추측한다. 사적 용
도로 쓰이는 물건이 아닌, 국가적으로 의미가 큰 물품에까지
만든 장인 개인의 이름을 새겨 넣은 것이 흥미롭다. 마치 현대
사회에서 상품의 가치를 높이고자, 그걸 제작한 디자이너의 이
름을 상품에 표시해 넣거나 브랜드화 하는 것을 연상시킨다.

그러나 당시에는 이러한 일이 드문 건 아니었다. 앞서 언급한
'다리작명 은팔찌'의 명문과, 백제 무령왕이 남제왕이라는 인물
에게 준 것으로 알려져 있는 일본 스다하치만 신사(隅田八幡神社)
의 '인물화상경(人物畵像鏡)' 명문에도 이를 제작한 장인의 이름이

그 안에 새겨져 있다.' 칠지도 명문 역시 이와 같은 맥락일 것이다. 어찌 보면 당대 솜씨 좋기로 유명한 장인들로 하여금 각각의 물품들을 만들게 하고, 그 안에 장인의 이름을 새겨 넣음으로써 물품의 가치를 한껏 높이고자 한 행위일는지도 모른다.

칠지도의 제작과 전달 목적 |

이로써 칠지도 앞면의 명문 해석이 끝났다. 칠지도의 특징에 관한 요약된 설명이 담긴 내용이었다. 살펴본 바와 같이 칠지도 앞면의 명문은 백제에 대한 사료가 매우 부족한 현재의 상황에서 좀처럼 얻기 힘든 의미 있는 정보이다. 그렇지만 뒷면에서부터가 고대 한일 관계와 관련한 아주 중요하고도 흥미로운 정보의 진정한 시작이라 할 수 있다. 그러니 계속해서 뒷면의 명문인 "선세이래미유차도백제왕세자기생성음고위왜왕지조전시후세(先世以來未有此刀百濟王世子奇生聖音故爲倭王旨造傳示後世)"를 살펴보도록 한다.

---

* '다리작명 은팔찌'는 그 이름에도 나와 있듯 '다리(多利)'라는 장인이 만들었고, 스다하치만 신사의 '인물화상경'은 '개중비직(開中費直)'과 '금주리(수州利)'라는 이름의 두 명의 장인에 의해 만들어졌다.

우선 뒷면 명문의 첫 문장인 "선세이래미유차도(先世以來未有此刀)"를 살펴보도록 하자. 이는 "선세 이래 이러한 칼은 없었다."라고 해석한다. 이에 대해 국내든 국외든 어느 학계에서든지 별다른 이견이 없다. 새겨진 내용 그대로 '칠지도는 전례 없이 희귀한 칼이며 그만큼 각별한 의미를 지닌 칼'임을 드러내는 대목이라고 할 수 있다.

논란의 시작은 그 다음 문장부터이다. "백제왕세자기생성음위왜왕지조(百濟王世子奇生聖音故爲倭王旨造)" 이 문장은 학자들마다 다양한 주장과 학설을 쏟아내며, 첨예한 의견 충돌의 중심이 되는 부분이다. 이처럼 논란이 뜨겁다는 것은 그만큼 이 문장이 얼마나 중요한지를 단적으로 보여주는 증거이기도 하다. 어떻게 보면 칠지도의 정확한 제작연도를 알아내는 일 만큼이나 중요한 대목이다. 따라서 이 문장을 제대로 해석해내는 일이 칠지도 명문의 전반적인 해석 및 고대 한일 관계사 연구에 있어 매우 중요한 과제이다.

문장의 첫 부분은 말 그대로 '백제왕세자(百濟王世子)'라는 뜻이다. 그런데 그중 마지막 '子'자는 그리 뚜렷이 보이는 편은 아니다. 이 때문에 일부 학자들은 이 문자를 '子'가 아닌 '世'라고 추측하기도 한다. 그래서 문장 전체적으로 '백제왕세세(百濟王世世)',

해석해서 '백제왕 치세 내내'라는 뜻으로 보는 것이다.

그러나 이렇게 해석한다면 그 다음 문장들을 계속해서 해석해 나가다보면 곧 알겠지만, 문맥이 매우 어색해진다. 문맥 뿐 아니라 문구 그 자체만으로도 '백제왕세세(百濟王世世)'는 '백제왕세자(百濟王世子)'보다 표현상 훨씬 부자연스럽다. 이와 더불어 이 문자를 X-레이 사진을 이용하여 정밀 분석한 결과 형태상으로도 '世'보다는 '子'에 더욱 가까운 문자로 밝혀지기도 했다.

결국 이러한 이유들로 인해 학자들 사이에서는 최종적으로, 이 문자가 '世'가 아닌 '子'라는 것에 대체로 공감한다.

기생성음 |

이제는 "기생성음(奇生聖音)"의 차례이다. 이 문구는 4자에 불과하지만 첫 글자인 '奇'를 해석하는 일부터가 상당한 난제이다. 학자들마다 견해차가 워낙 크기 때문이다.

'기생성음'은 전체적으로 글자 본래의 의미를 이용하여 해석하기도 하지만, 한편으로는 사람의 이름이 포함된 문장이라고 보는 의견도 있다.

그렇다면 일단 문자들이 지닌 원래의 의미를 이용하여 해석해 보기로 한다. '기생성음'을 그대로 풀이하면, '기이하게 생겨난 성스러운 소리' 정도로 해석할 수 있다. 그런데 이러한 해석은 한눈에 살펴봐도, 뜻이 매우 모호하다는 게 느껴질 것이다. 특히 앞의 '기이하게 생기다'라는 해석이 더욱 그렇다. 그래서 어떤 학자는 '성음'은 별 개의 문장으로 떼어두고 "백제왕세자기생"을 한 문장으로 보아 "백제왕세자가 기이하게 태어났다."라는 뜻으로 해석하기도 한다.

필자 역시 처음에는 이와 비슷한 방식으로 해석했었다. 다만 '奇'는 '기이하다'는 뜻 이외에 '뛰어나다'는 뜻도 가지고 있다는 사실에 착안하여, '기이하게 태어났다'라는 모호한 표현 대신 '뛰어나게 태어났다(훌륭하게 태어났다)'라고 해석했었다. 즉, 장차 백제의 왕위를 이을 왕세자께서 고귀하게 잘 태어났다는 의미로 이해했던 것이다.

그렇지만 이 같은 해석은 사실 '奇'라는 문자가 지닌 다양한 뜻 가운데 하나를 골라, 그냥 말이 되게끔 억지로 끼워 맞춘 감이 없지 않다. 만일 '귀하게 태어났다' 내지는 '훌륭하게 태어났다'라는 의미를 나타내고자 했다면 일반적으로 '기이하다'라는 의미로 쓰이는 '奇' 대신에 '貴(귀할 귀)'라든지 다른 적절한 문자를 사용하는 편이 훨씬 나았을 것이다.

이렇듯 '기생성음'을 문자 본래의 의미를 이용해서 해석하고자 한다면 전체적으로 의미가 이상해지고 억지스러워져서, 올바른 해석에 큰 어려움이 생긴다.

기생성음의 또 다른 해석 |

그렇다면 이번엔 '기생성음'이 사람의 이름이 포함된 것이라고 가정해보자. 학자에 따라서는 '기생성음'이 네 글자를 모두 합쳐 인명으로 보기도 한다. 즉 백제왕세자의 이름이 '기생성음'이라는 것이다. 하지만 그렇다고 보기엔 이름이 너무 길다. 성을 제외한 이름만 4자이기 때문이다. 성까지 합친다면 '부여기생성음'이 되므로, 무려 6자로 이루어진 성명이 될 것이다. 물론 이만큼 긴 이름을 가지지 말란 법은 없다. 그러나 보통은 성과 이름을 합쳐 3~4글자인 것이 대부분이었다. 이만큼 기다란 이름을 가진 인물은 백제 왕족 중에서는 찾아보기 어렵다.

한편 '기생' 이 두 글자만을 인명이라고 생각하는 학자들도 있다. 이들은 대개 369년설을 주장하는 학자들이다. 이들은 '기생'이 근구수왕을 가리킨다고 주장한다. 그 이유는 369년 당시의 백제왕세자가 근구수였던 데다, 결정적으로 《일본서기》에서는 근구수를 '귀수(貴須)'라고 칭하는데 바로 이 '귀수'와 '기생'의 발음이 서로 비슷하다고 보았기 때문이다.

그렇지만 이 역시 쉽게 수긍하기 어렵다. 우선 '기생'과 '귀수'는 엄연히 다른 명칭으로 봐도 좋을 정도로 발음의 차이가 크며, 무엇보다 이러한 주장을 따른다면 다시 369년설로 돌아가야 하기 때문이다.

그렇다면 '기생성음(奇生聖音)'을 어떻게 해석해야 할까? 일단 '기생(奇生)'과 '성음(聖音)'은 따로 떼어서 해석해야 한다. 내용상 서로 다른 문장을 이루고 있기 때문이다. 그렇다면 앞의 '기생'부터 해석해 보도록 한다. 결론부터 말하면 '奇生'의 '奇'는 사람의 이름이고, '生'은 글자 뜻 그대로 '태어났다'라고 해석해야 한다.

즉 "기(奇)가 태어났다"라고 해석하여야 한다는 것이다.

'기(奇)'는 누구인가

그렇다면 '기(奇)'라는 이름의 인물은 누구일까.

'기(奇)' 앞의 문구는 앞에서 살펴본 바와 같이 '백제왕세자(百濟王世子)'였다. 이 '기'라는 인물의 정체는 백제의 왕세자였던 것이다. 그런데 《삼국사기》나 《일본서기》 등의 사서에서는 '기'라는 이름을 가진 왕세자는 물론, 일반 왕자조차도 찾아볼 수 없다. 그래서 이 '기(奇)'라는 글자만을 가지고서는 그가 누구인지 제대로 알아내기 어렵다.

그러나 408년설을 활용하면 어렵지 않게 그가 누구인지 알 수 있다. 408년은 전지왕의 시대(405~420년)이다. 따라서 칠지도에서 언급되는 '백제왕세자 기(奇)'는 바로 전지왕의 맏아들 구이신(久尒辛)인 것이다.

결국 '기생(奇生)' 즉, '기(奇)가 태어났다'는 말은 '구이신이 태어났다'라는 의미가 된다.

그렇다면 구이신은 408년에 태어난 것일까 |

그렇다면 구이신은 칠지도가 만들어진 408년에 태어났다는 이야기가 된다. 물론 어떤 사서에도 그가 언제 태어났는지에 대한 확실한 기록이 없어서, 그가 408년에 태어난 것이 옳은지 직접적으로 확인하기는 힘들다. 하지만 다행스럽게도 《일본서기》에 남아 있는 구이신에 관한 기록을 참고한다면, 그의 출생년도가 대략 언제쯤인지 짐작할 수 있다. 《일본서기》에서는

"구이신이 왕위에 올랐을 때 그의 나이가 어려, 목만치(木滿致)라
는 자가 국정을 대신 잡았다"라는 기록이 전한다.

칠지도 명문의 내용대로 만약 구이신이 408년에 태어났다고
가정한다면, 그가 왕에 즉위한 해가 420년이니까 대략 만 12세
의 어린 나이에 왕위에 오른 것이 된다. 이는 앞서 《일본서기》
의 기록 중에 '그의 나이가 어려'라는 대목과 내용이 잘 맞아떨
어진다. 구이신이 즉위한 나이가 이처럼 12살에 불과했다면,
《일본서기》의 내용대로 국정을 직접 운영하기에 어린 나이인
셈이기 때문이다. 그러므로 408년에 구이신이 태어났으리라고
보는 추측'은 충분한 설득력을 얻게 된다.

구이신의 또 다른 이름 |

그럼 무슨 이유로 '구이신이 태어났다(久尒辛生)'라고 기록하지
않고, '기가 태어났다(奇生)'라고 한 것일까.

그건 바로 '기(奇)'가 구이신의 약칭(略稱)이었기 때문이다. 그는
생전에 '구이신'뿐 아니라 '기'라고도 불리어졌으리라고 추측된

---

* 홍성화도 이와 동일한 추측을 하였다. 그에 대한 근거도 위의 내용과 동일하다.

다. '기'는 구이신의 또 다른 이름이었던 것이다.

'기'는 구이신의 '구이'와 발음이 매우 유사하다. 그저 단음(短音)인가 장음(長音)인가의 차이 정도이기 때문이다.(적어도 '기생'과 '귀수'의 차이보다는 그 정도가 훨씬 적다.) 사실상 둘은 같은 말이라고 봐도 무방하다. 따라서 구이신은 생전에 '기', '기신(奇辛)' 또는 '구이', '구이신' 등 여러 이름으로 불리었으리라고 생각된다. 이는 근구수왕이 생전에 '구수(仇首)', '귀수(貴須)', 그리고 짧게는 '수(須)' 등으로 다양하게 불리었던 것과 동일한 맥락이다.

백제왕의 성(姓)인 '부여(扶餘)'는 중국과 일본의 사서에서 일반적으로 그냥 '여(餘)'라는 약칭으로 불리었다. 이름도 마찬가지로 약칭을 쓰는 경우가 많았을 것이다.* 실제로 중국 사서에서는 비유왕(毗有王)을 '비(毗)'라 칭했고, 전지왕(腆支王)은 '전(腆)'이라 칭했다.** 게다가 근구수왕(近仇首王)은 앞서 보았듯이 '수(須)'***로

---

* 이는 중국의 방식대로, 성과 이름을 합쳐 가급적 두 글자로 만들기 위함으로 추측된다.

** 중국의 역사서 통전(通典)과 양직공도(梁職貢圖)에는 전지왕의 이름을 '전(腆)'으로 표시하고 있다. 그런데 또 다른 중국의 사서인 양서(梁書)에는 그의 이름이 '영(映)'이라 표시되어 있다. 이에 대해 사학자 이병도는 '전(腆)' 또는 '전(䐐)'이 맞는 표기이고, '영(映)'은 '전(䐐)'의 오자일 것이라는 의견을 피력한 바 있다. 필자도 이에 공감한다.

*** 물론 근구수왕 시호에서의 '수(首)'와 본명에서의 '수(須)'는 뜻이 다른 별개의 문자이기는 하다. 그러나 두 문자의 발음이 똑같다는 점에 주목하여야 한다. 인명의 경우 문자의 뜻은 그다지 중요하지 않고 발음이 중요하다. 따라서 문자의 발음이 같거나 비슷하면 같은 대상을 가리키는 것으로 봐도 좋다. 그런데 《일본서

칭했다. 근초고왕의 경우 '구(句)'라는 이름으로 불리기도 하였는데 이는 근초고의 '고'와 매우 비슷한 발음으로 근초고왕 역시 그의 시호에 포함된 글자로 된 약칭 이름이 있었다는 것을 알 수 있다. 결국 구이신의 약칭 이름 사용도 그와 같은 맥락임을 알 수 있다.

혹은 다른 각도에서 생각해 봤을 때, 왕이 죽은 뒤 시호를 정함에 있어 한두 글자가 덧붙여진 것일 수도 있다. 그러니까 두 글자 이상의 이름을 줄여 외자로 만든 '약칭 이름'인 것이 아니라, '생전의 원래 이름(諱)'이었을 수도 있다는 이야기이다. 예를 들어 비유왕은 생전의 원래 이름이 '비(毗)'였는데 사후에 '유(有)'자를 첨가하여 시호를 '비유왕'으로 정하였다는 식이다.

이와 같은 원리는 특히 근초고왕이나 근구수왕의 경우에서 확연히 드러난다. 이들 두 왕의 시호에 공통적으로 포함되어 있는 '근(近)'은 사후에 붙여진 것임이 확실하기 때문이다. 시호에 '근'이 붙여진 이유는 백제 초기의 왕이었던 '초고왕(肖古王)' 및 '구수왕(仇首王)'과 구별하기 위한 것으로 보인다. 실제로 《일본서기》에서 근초고왕이나 근구수왕은 각각 그냥 '초고왕', '귀수왕'으로 불리어졌다.

───────────────

기》에서는 그의 이름이 '귀수(貴須)'라고 표기되어 있다. 이는 본명인 '수(須)'와 문자가 동일하다.

구이신왕 역시 이 같은 방식이 적용되어 원래 이름은 '기' 또는 '구이'였지만, 사후에 '신(辛)'자가 첨가되어 최종적으로 '구이신'이라는 시호가 완성된 것일 수 있다.

공교롭게도 근초고왕(재위346~375), 근구수왕(재위375~384), 전지왕(재위405~420), 구이신왕(재위420~427), 비유왕(재위427~455) 등은 비슷한 시기에 차례로 집권하였다. 이들의 재위 기간은 4세기 중반에서 5세기 초중반 무렵에 집중되어 있다. 결국 이 시대에는 생전의 이름에다 새로운 글자를 조합하는 방식으로 시호를 제정하는 법이 공식적, 내지는 관례적으로 사용된 것일 수도 있다.

결론적으로 약칭이었든 생전의 본명이었든 간에, '기'는 구이신의 가장 축약된 형태의 이름이라고 할 수 있다. 칠지도 명문에 가장 간략한 이름을 사용함으로 해서 명문 새김에 있어 경제성을 도모한 것이다.

백제왕세자의 탄생과 칠지도 |

앞서 논의된 내용들을 바탕으로 "백제왕세자기생(百濟王世子奇生)"을 해석하면, 결론적으로 **"백제왕세자 기(구이신)가 태어났**

다."라는 뜻이 된다는 것을 알 수 있다.

그런데 이 문장은 얼핏 보면, 앞의 문장인 "선세 이래 이러한 칼은 없었다."와 전혀 관련이 없는 별개의 내용인 것처럼 보인다. 칠지도라는 칼이 예부터 최근까지 없었던 사실과 백제왕세자 구이신이 태어난 사실이 무슨 상관이 있다는 것인지 의아할 수도 있다.

그러나 이 두 사건 사이에 아무런 관련성이 없다면, 이렇게 관련 문장을 연이어 배치시켜놓지는 않았을 것이다. 이 같은 문장 구조는 예전부터 지금까지 존재하지 않았던 칠지도가 구이신의 탄생을 계기로 만들어진 것이 아닐까 하는 추측을 낳게 한다. 이러한 추측은 많은 학자들의 공통된 생각이기도 하다.

이처럼 선세 이래 존재하지 않았던 칠지도가 백제왕세자 구이신의 탄생을 계기로 만들어진 것임을 시사하고 있는 가운데, 이 두 가지 사건 사이에 무슨 연관성이 있는 것인지 자못 궁금해진다. 그럼 계속해서 명문의 다음 내용을 살펴보기로 한다.

하지만 그전에 한 가지 중요하게 짚고 넘어가야 할 점이 있다. 408년설의 효용성이 그것이다. 408년설을 적용하여 명문을 해석하니 이렇듯 명문의 내용과 사서의 내용이 자연스럽게 조화되어 매끄럽게 해석된다는 것을 알 수 있다. 408년설의 정확성이 한 단계 더 입증되는 것이다.

'奇生' 다음에 나오는 명문의 문구는 '성음(聖音)'이다. '성음'을 직역하면 '성스러운 소리' 또는 '거룩한 소리' 정도로 해석된다. 왠지 신비감이 감도는 단어이다. 하지만 칠지도가 샤머니즘적 도구가 아닌, 국가 차원에서 공식적으로 전달된 외교적 물품인 이상 '성음'이 종교나 주술적인 의미를 갖는 용어로 쓰인 것은 아닐 것이다. 국가 차원에서 쓰인 공적 용어로서 '성음'이 의미하는 바는 무엇인가.

그런데 일부 일본 학자는 '음(音)'을 '진(晋)'으로 보아 당시 중국 남조의 동진(東晋)과 연계시키기도 한다. 이른바 '동진하사설(東晋下賜設)'이 나오게 된 배경이다. 동진이라는 제3자를 끌어들임으로써 칠지도가 백제와 왜뿐 아니라, 중국까지 포함되는 동북아 전체에 걸친 교류의 산물로 보는 시각이다.

하지만 동진하사설은 치명적인 결함을 지니고 있다. 일단 칠지도 명문 내용의 전반적인 맥락에서 보았을 때, '晋'의 존재는 너무나도 뜬금없는 면이 있다. '晋'이라는 글자가 해당 문장 전

---

* 칠지도를 동진에서 제작하여 백제를 매개로 해서 왜에 건네졌다고 설명하는 학설.

후의 내용과 전혀 조화롭지 못하기 때문이다. 백제왕세자의 탄생을 이야기하다가 갑작스럽게 동진(東晉)에 관한 이야기로 급전환되는 식인데, 이렇게 되어서는 문장이 너무 산만하고 혼란스러워질 수밖에 없다.

또한, '晉' 앞에 '성(聖)'이라는 글자가 위치하여 '성진(聖晉)'이라는 단어를 이루고 있다는 것도 단어 구조상 어색하다. 그냥 '晉'이라고만 하거나, 굳이 진나라를 높이고자 하는 의도가 있었다면 '대진(大晉)'이라는 표현이 적절했을 것이다. '晉'을 수식하는 글자로 '성스럽다'라는 뜻의 '聖'을 쓰는 것은 아무래도 그다지 어울리지 않는다. 그래서 문장이나 단어 구조 자체로만 봐도 '음(音)'이 아닌 '진(晉)'으로 두고 해석하는 것은 매우 자연스럽지 못하다는 것을 알 수 있다.

게다가 동진하사설은 학설의 내용 자체도 억지스러운 면이 있다. 칠지도를 당사국인 왜에 직접 전달해주면 될 것을 구태여 백제라는 다른 나라를 통해 보낼 필요가 있을까. 이부터가 이상한 일이다.

이에 대해서 동진하사설을 주장하는 측에서는, 백제가 동진에 '신속(臣屬)'해 있었기 때문에 동진으로부터 '심부름' 명목으로 칠지도를 왜에 전달한 것이라고 설명한다. 하지만 백제가 동진에 신속해 있었다는 주장부터가 설득력이 떨어지는 데다, 동진이 칠지도를 백제를 통해 왜로 보냈다는 증거가 될 만한 기록이 전혀 없기 때문에, 백제가 동진에 신속하였는지 여부와 관계없이 칠지도가 동진으로부터 백제를 거쳐 왜로 보내어졌다는 주장은 신뢰성이 매우 떨어진다.

결국 동진하사설은 여러 측면에서 보았을 때 '사상누각'과 같은 무리한 학설이다. 그럼에도 이 같은 학설이 등장하게 된 동기는, 몇몇 일본 학자들이 동진을 끌어들여서라도 왜에 대한 백제의 우위를 인정하고 싶지 않아 하는 심리의 발로라고 할 수 있다. 이는 역설적으로, 간접적으로나마 하사설이 헌상설보다 훨씬 우세하다는 사실을 그들 스스로 인정하는 모습을 보이고 있는 것이다.

정리해보면, '晋'보다는 '음'으로 판독하는 것이 훨씬 타당하다는 결론이 나온다. 따라서 해당 문구는 앞 글자인 '聖'을 합쳐 '성음(聖音)'인 것이 맞다.

'성음'의 의미 |

그렇다면 '성음'의 진정한 의미는 무엇일까. '성음'의 '성(聖)'은 '성스럽다', '거룩하다'의 뜻 이외에도 '임금의 존칭'이라는 뜻도

가지고 있다. 실제로 '聖'은 왕을 의미하는 글자로 널리 쓰였다. 이와 관련해서 역사학자 김기흥의 견해를 인용하자면, 삼국시대에는 왕과 관련된 용어로 '聖'이 자주 사용되었다고 한다. 실례로 임금의 깃발을 '성상번(聖上幡)'이라고 하였고, 신라의 왕실을 가리켜 '성골(聖骨)'이라고 하였으며, 고구려의 왕을 '성왕(聖王)'이라고 칭한 바 있다고 하였다.

그뿐 아니라 '성상(聖上)'은 임금을 높여 이르는 말로 쓰였고, 사극을 보면 흔히 나오는 대사 중 하나로 "성은이 망극하옵니다."를 들 수 있는데, '성은(聖恩)'은 다름 아닌 '임금의 은혜'란 뜻이다. 따라서 '성음(聖音)'은 '왕의 소리' 즉 **왕의 음성** 또는 **왕의 말씀**'이란 뜻으로 보면 될 것이다.

이러한 생각을 뒷받침하는 추가적인 근거로 '옥음(玉音)'의 사례를 들 수 있다. '옥(玉)'은 '성(聖)'과 마찬가지로 왕과 관련된 단어에 쓰이는 글자이다. 그 실례로서 '임금의 몸'이란 뜻의 '옥체(玉体)'와 '임금의 자리' 또는 '임금의 지위'의 뜻을 갖는 '옥좌(玉座)' 등을 들 수 있다.

그렇지만 무엇보다 관심을 끄는 것은 '옥음(玉音)'의 예이다. '옥음'은 다름 아닌 '왕의 음성', '왕의 말'의 뜻을 지니고 있다. 따라서 '옥음'과 매우 비슷한 형태의 단어인 '성음' 역시 똑같은 의미로 이해하는 것이 타당하다.

'왕의 말씀'은 곧 '왕의 명령'이기도 하다. 그렇다면 당시 백제 왕인 전지왕은 어떠한 명령을 내린 것인가.

옥음방송(玉音放送)**을 듣고 있는 일본인들**

옥음방송이란 2차 대전 말엽 히로히토 일본 천황의 항복 선언문 낭독을 중계한 라디오 방송을 의미한다. 여기서 옥음(玉音)이 뜻하는 바는, 바로 '일본 천황의 목소리'이다. '옥음'이 '임금의 목소리'라는 뜻으로 쓰인 대표적 사례이다.
– 위키백과 (원출처: Japan's Longest Day, 1968 english language edition)

위왜왕(爲倭王)

칠지도 뒷면의 명문도 거의 해석이 되어가는 듯하다. 하지만 명문의 핵심적이고도 궁극적인 내용이라고 할 수 있는, 무슨 목적으로 칠지도를 만들었고, 어째서 왜(倭)에 전달된 것인가에 대해서는 아직 언급하지 않았다. 여기에다 백제왕세자 구이신의 탄생과 칠지도의 제작 사이에 무슨 관련을 갖고 있는지에 대해서도 이야기하여야 한다.

이제부터 언급할 내용이 바로 그러한 것들이다. 칠지도 명문 해석에 있어 가장 뜨거운 논란의 중심에 있으면서, 해석의 방향에 따라 칠지도의 제작 동기와 목적이 완전히 뒤바뀔 수도 있음이 "고위왜왕지조(故爲倭王旨造)"이 여섯 글자를 어떻게 해석하느냐에 달려 있다. 넓은 시각에서 보면 이 문장은 고대 한일관계의 실체를 열어줄 중요한 열쇠가 될 수 있다.

일단 '故'는 이 문자가 가지고 고유의 의미인 '고로' 또는 '까닭'이라는 뜻으로 해석된다. 그리고 마지막의 '造'도 문자의 기본적 의미 그대로 '만들다'의 의미로 해석하며, 이에 대한 별다른 이견은 없다. 다만 '지(旨)'의 경우에는 어느 정도 논쟁이 있다. 이 글자를 고유 명사 즉 '왜왕의 이름'으로 봐야 한다는 의

견과, 글자 본연의 뜻으로 봐야한다는 의견 간의 분쟁이 그것이다. '旨'에 대해서는 차후에 다시 언급하기로 하겠다.

문제는 '위왜왕(爲倭王)'이다. 학자들은 거의 대부분 '위(爲)'를 '~을 위하여'라는 뜻으로 해석한다. 그러니까 칠지도는 왜왕을 위하여 만들어졌다는 것이다. 이는 국사 교과서는 물론, 거의 모든 역사 서적들과 논문 및 인터넷 자료 등에도 실려 있는 '정설'이다. 그러나 '爲'를 이런 식으로 해석한다면 문장 전체의 해석에 커다란 문제가 발생한다.

앞서도 이야기했지만, 명문의 뒷면은 칠지도의 제작과 전달 목적을 서술한 구조로 되어 있다. 칼 표면에 글자를 새긴다는 것은 여러 가지 의도가 있겠지만, 기본적으로 그 물품의 만든 목적을 알리기 위해서이다. 더욱이 칠지도의 경우에는 국가 차원에서 전달되는 물품인 만큼, 만든 목적이나 전달하려는 이유가 반드시 표기되어야 한다. 이러한 정보를 드러내지 않을 거라면 칼의 표면에 군이 명문을 새길 이유가 없다. 가장 중요한 정보가 누락돼 버리는 셈이기 때문이다.

이처럼 명문에 칼의 제작 목적 또는 전달 목적이 반드시 서술되어야 한다고 이토록 강조하는 이유는, 가장 중요한 정보로서 마땅히 포함시켜야 한다는 그 기본적 당위성뿐 아니라 명문의 문장 구조 때문이기도 하다. 칠지도 뒷면 첫 문장인 "선세이래미유차도(先世以來未有此刀)"를 상기해보자. "선세 이래 이러한 칼은 없었다."라는 뜻이었다. 그러니까 예전부터 칠지도와 같은 칼은 존재하지 않았다가 오늘날 비로소 만들게 되었다는 것인데, 그렇다면 이처럼 전례 없이 훌륭한 칼을 도대체 무슨 까닭으로 인해 처음 만들게 된 것인지 어느 누구라도 궁금해 하지 않을까. 궁금증을 유발시켰으면 그에 대한 답도 내놓아야 하는 것이 당연하다. 때문에 칠지도를 만들게 된 이유를 그 다음 문장들을 통해 확실히 밝혀주는 것이 문장 구조상 지극히 자연스러울 것이다.

왜왕을 위하여 만들었다? |

그렇지만 '爲'를 '~을 위하여'라고 해석한다면 문장의 흐름이 매우 어색해진다. 칠지도가 왜왕을 위하여 만들어졌다는 뜻이 되는데, 이는 당장 바로 앞의 문장인 "백제왕세자기생성음(百濟王世子奇生聖音)"과 매끄럽게 연결되지 않기 때문이다. 백제왕세자의 탄생과 칠지도 제작, 이 두 사건에 대한 직접적인 관련성이 명확히 드러나야 함에도 불구하고, 명문을 새긴 사람은 과연 "왜왕을 위하여 만들었다."라는 앞문장과의 관련성이 전혀 없는 엉뚱한 문장을 집어넣었을까? "백제왕세자 구이신이 태어나

왕의 명령으로 왜왕을 위해 (칠지도를) 만들었다."라는 식으로 이상하게 해석될 텐데 말이다.

그런데 어떤 학자는 이러한 해석이 정당하다는 것을 뒷받침하기 위해, 백제왕세자의 탄생을 기념하여 왜왕에게 칠지도를 건네준 것이라는 견해를 내놓기도 하였다. 하지만 뭔가 이상하다. 왕세자가 탄생한 쪽은 백제이다. 그러므로 축하받고 선물을 받아야 할 쪽은 당연히 백제여야 한다. 그러나 이 견해에 따르면 백제는 선물을 받기는커녕 오히려 엉뚱한 곳에 주고 있는 상황이지 않은가. 그래서 상식적 시각에서 봤을 때 이러한 견해는 수긍하기 어렵다.

백번 양보해서 '爲'를 '위하여'라고 해석한다 치자. 그래도 문제가 발생하기는 마찬가지다. 무엇 때문에 왜왕을 위하는 것이란 말인가. 예를 들어 새로운 왜왕이 즉위했거나, 왜왕이 생일을 맞았거나 또는 기타 국가적인 경사가 있거나 하는 등의 구체적인 이유가 언급되어야하는 것이 당연하다. 하지만 그런 것들이 전혀 언급되어 있지 않다. 아무런 구체적인 이유 없이 그저 '위하여'라고만 말한다면 칠지도의 전달 목적이 매우 모호해진다.

스다하치만 인물화상경 |

　여기서 잠깐 앞서 짤막하게 소개한 바 있는 표면에 명문이 새겨져 있는 또 다른 유물인, '스다하치만 신사의 인물화상경(隅田八幡神社人物画像鏡)'(이하 '인물화상경')의 사례와 비교해 보도록 한다. 인물화상경의 제작연대에 대해서 논란이 있기는 하지만, 대체적으로 503년으로 보고 있다.* 503년이면 칠지도가 제작된 시기로 추측되는 408년과 시대적으로 큰 차이가 없다. 더구나 이 유물 역시 백제에서 제작된 것으로 추정되고 있으므로, 인물화상경의 명문은 칠지도 명문과 비교해 보기에 더 없이 적합한 금석문이다.

　인물화상경에는 다음과 같은 명문이 새겨져 있다.

　　　"癸未年八月日十大王年男弟王在意柴沙加宮時斯麻念長寿
　　　遣開中費直穢人今州利二人等取白上同二百旱作此竟"

　　　"계미년(503년) 8월 10일 대왕년에 남제왕(男弟王)이 오시

---

* 　이는 '사마(斯麻)'라는 인명 때문이다. '사마'는 익히 알려져 있듯 백제 무령왕(재위501~523)의 이름이다. 많은 학자들이 명문의 '사마'를 무령왕으로 보고 있기 때문에 제작연대를 이렇게 추측하는 것이다.

사카궁에 있을 때 사마(斯麻)가 (남제왕의) 장수를 염원하여 (이 거울을) 보낸다. 개중비직(開中費直)과 예인 금주리(今州利) 이 두 사람이 백상동 이백한으로 이 거울을 만들었다."

일본의 국보인 스다하치만 인물화상경
- 위키백과

(원출처: ASUKAEN - ASUKAEN ed. ,TOYO-BIJYUTU SPECECAL 1st,
Prehistoric and Protohistoric, 1930, November)

명문의 내용은 대략 사마(斯麻)가 남제왕(男弟王)이라는 인물에게 이 거울을 주었다는 내용이다. 문장 구조적으로 제작연대, 주는 이와 받는 이, 제작 및 증여 목적, 그리고 제작자가 서술되어 있는 형태로 되어 있다. 칠지도 명문의 구조와 매우 비슷하다.

눈여겨보아야 할 것은, 인물화상경에는 칠지도 명문보다 짧은 문장을 지녔음에도 제작과 증여의 목적이 분명하게 서술되어 있다는 점이다. 이 유물은 사마가 남제왕을 '위하여' 만든 물품이다. 그런데 그 '위하는' 이유가 모호하지 않고, 확실히 제시되어 있다. 바로 남제왕의 장수를 염원하는 뜻에서 만든 물품이라는 것이다.

칠지도 역시 만일 인물화상경처럼 왜왕을 '위하여' 만든 것이라면, 그냥 '위하여'라는 모호한 말로만 어물쩍 넘어갈 것이 아니라 무슨 이유로 위하는 것인지 구체적으로 밝히는 것이 적절하다. 앞서도 강조했듯이 누군가에게 주게 될 물품에 명문을 새기는 이유는 왜 주는지에 대한 목적을 정확히 알리기 위함이기 때문이다.

전시후세 |

백 번 양보해서, 단순히 '왜왕을 위하는 것' 자체가 목적이라고 생각해 보자. 무슨 이유로 위하는 것인지 확실치는 않지만, 대략 칠지도가 왜왕과의 우호관계 강화를 목적으로 전달되었던 것이겠거니 하고 가정해 보는 것이다. 이렇게 되면 칠지도는 백제왕이 왜왕에게 주는 '선물'인 셈이다. 물론 이러한 해석은 앞에서 살펴보았던 것 같이 앞문장과 호응되지 않는다는 문제점을 갖는다. 백제왕세자가 태어난 사실과 왜왕을 위하여 칼을 만들었다는 사실은 전혀 연관성이 없기 때문이다. 하지만 이 점은 일단 제쳐두기로 한다.

그런데 칠지도가 왜와의 우호관계 발전을 목적으로 왜왕을 '위하여' 만들어진 것이라면, 명문을 여기서 종결하는 것이 옳았을 것이다. "고위왜왕지조(故爲倭王旨造)" 문장의 뒤를 이어 칠지도 뒷면의 맨 마지막 문장은 "전시후세(傳示後世)"로 되어 있다. 풀이하면 "후세에 전하여 보이라."라는 뜻이다. 이 문장은 누가 봐도 뚜렷하게 명령조의 하행문(下行文) 형식을 갖추고 있다. 칠지도가 우호를 위한 선물이라면, 구태여 이 같은 지시나 명령 어조의 문장을 덧붙일 필요가 있을까? 받는 이가 감사의 마음보다는 불쾌함과 부담감을 느끼게 될 수도 있는데 말이다.

"전시후세"라는 이 마지막 문장의 존재로 인해 칠지도는 선물로서 주어진 것이라기보다, 상대방에게 맡기면서 잘 보관토록 명령받은 물품인 듯한 느낌이 강하게 풍겨온다.

'爲'의 의미

결론적으로 '爲'를 '~을 위하여'로 해석하는 것은 문맥에 어긋나도 한참 어긋나고, 상황에도 맞지 않은 해석인 것이다. 그럼에도 불구하고 이러한 해석이 이상하리만치 당연하게 받아들여지고 있는 것이 학계의 현실이다.

필자가 평소 안타깝다고 느끼는 점은 이처럼 '爲'를 '위하여'가 아닌 다른 뜻으로 해석하여야 할 이유가 이토록 충분함에도 불구하고, 실제 다른 뜻으로 해석하는 경우를 좀처럼 찾아보기 힘들다는 것이다. 칠지도의 진정한 제작 목적을 알아낼 수 있는지의 여부는 '爲'를 얼마나 제대로 해석해 내느냐에 달려 있다. 그렇다면 '爲'를 무슨 뜻으로 해석해야 할 것인가. 결론부터 이야기하자면, 여기서 **'爲'는 '삼다', '되다'라는 뜻이다.**

사실 이것은 새삼스러울 것이 없는 해석 내용이다. 사서나 금석문 등에서 '爲'는 일반적으로 '하다', '되다', '삼다'의 의미로 사용되어 왔기 때문이다. 특히 '爲' 다음에 관직이나 신분 등을 가리키는 단어가 온다면, '爲'는 반드시 '~으로 삼다(임명하다)', '~이 되다'는 의미가 되었다.

대표적 사례로서 〈광개토왕비문〉 내에서 가장 논란이 되는 대목이기도 한 신묘년 기사가 있다.

"倭以辛卯年來渡海破百殘□□(新)羅以爲臣民"

"왜가 신묘년에 와서 바다를 건너 백잔□□(신)라를 격파
하고 신민으로 삼았다."

위의 신묘년 기사를 보면 마지막에 '爲臣民(위신민)'이라는 문
구가 나온다. 임나일본부설의 핵심 근거가 되는 매우 유명한
문구이다. 이를 해석하면 "신민으로 삼았다"라는 뜻이 된다.
누구나 이렇게 해석한다. **"신민을 위하여"라고 해석하는 사람
은 아무도 없다.**

또한 의자왕의 아들인 부여융의 묘지명을 보면 "위웅진도독
(爲熊津都督)"이라는 문구가 나온다. 이 역시도 "웅진도독으로 삼
았다"라고 해석한다. 이는 부여융을 웅진도독으로 삼았다는
내용의 일부이다.

흑치상지(黑齒常之)의 묘지명에도 같은 표현이 나온다. "위하원
도경략대사(爲河源道經略大使)"라는 문구가 그것인데, 이 또한 예
외 없이 "하원도경략대사가 되었다"라고 해석한다. 당나라가
흑치상지를 하원도경략대사(河源道經略大使)라는 관직에 임명했
는 내용의 일부인 것이다.

광개토왕비문 주운태 탁본(1981년 탁본)

빨간색 네모칸 안의 문장이 문제의 '신묘년조'이다.
- Histopia 한국사정보사이트

이밖에도 '爲'가 관직이나 신분 따위를 뜻하는 단어의 앞에 놓이게 되면 '~으로 삼다', '~이 되다'라고 해석되는 경우를 《삼국사기》를 비롯한 여러 사서와 금석문들을 통하여 수없이 확인 가능하다.

이 같이 수많은 용례들을 감안한다면, 결국 "爲倭王"도 당연히 "왜왕으로 삼다", "왜왕이 되다"의 뜻으로 해석함이 올바르다. 하지만 지금껏 '爲'를 오로지 '~을 위하여'라는 뜻으로만 해석하려 하였기 때문에, 해당 문구뿐 아니라 칠지도 명문 전반에 걸친 해석도 어긋난 방향으로 진행되었던 것이다. 좀처럼 이해하기 힘든 학계의 상황이다.

어쨌든 "위왜왕(爲倭王)"이 해석되면, 그 다음에 있는 문자인 '旨'도 손쉽게 해석된다. 백제왕세자를 왜왕으로 삼았다는 것이니 '旨'는 인명이 아니라, 원래 의미 그대로 '뜻'으로 해석하여야 한다. 만약 '旨'를 인명으로 간주해 버린다면, "백제왕세자를 왜왕 '지(旨)'로 삼는다"라는 식의 이상한 해석이 나오기 때문이다.

결국 "故爲倭王旨造"이 여섯 자는 "**~한 까닭에 왜왕을 삼는 뜻에서** (칠지도를) **만들게 되었으니**"라는 의미인 것이다.

백제왕세자, 왜왕이 되다 |

이로써 칠지도 명문 뒷면 마지막 문장의 해석까지 마쳤다. 칠지도 명문을 전체적으로 꼼꼼히 살펴본 결과, 명문의 핵심은 결국 "백제왕세자 구이신이 왕의 명령으로 왜왕에 임명되었다."는 사실임을 알 수 있다. 백제왕세자가 왜왕이 되었다니 정말이지 획기적 사실이 아닌가.

하지만 다른 한편으로 이 같은 사실이 전혀 새롭게 와 닿지 않을 수도 있다. 백제 왕가와 왜 왕가가 꽤 밀접한 관계에 있었을 것이라는 추측은 오래전부터 꾸준히 제기되어 왔기 때문이다. 특히 재야사학자들을 중심으로 이 같은 연구가 활발하다. 그들이 쓴 시중의 많은 책들이나 인터넷 상의 게시물들을 통해서, 왜왕실의 뿌리가 백제일 것이라는 추측이 담긴 내용을 이미 쉽게 접할 수 있다.

이 같은 현상이 일어나는 까닭은 백제와 왜의 왕가 사이에 빈번한 교류가 이루어지는 장면을 《삼국사기》나 《일본서기》 등의 사서를 통해 자주 목격할 수 있기 때문일 것이다. 이들 사서에서는 백제의 왕자가 왜에서 출생하였거나, 그곳에 건너가 장기간 체류하였음을 알리는 기록들이 끊임없이 나온다. 심지어 《속일본기(続日本紀)》라는 일본 사서에서는 환무(桓武)천황의 어머니가 백제 무령왕의 자손이라는 기록까지 나와 있다. 혈연으로도 연결되어 있을 정도로 백제 왕가와 왜 왕가는 서로 매우 긴밀한 관계였던 것이다. 이러한 《속일본기》의 기록에 의거하여 현재 일본 국왕인 아키히토(明仁)는 2002 한일월드컵이 개최될 시기 즈음해서 "한국에 연을 느낀다."는 소감을 표명하기도 하였다.

　따라서 어떻게 생각해 보면, 그다지 새로울 것이 없는 진부한 이야기로 느껴질 수도 있다. 하지만 그럼에도 불구하고, 408년설을 기반으로 한 이 같은 칠지도 명문의 해석 내용이 갖는 의미는 결코 작지 않다.

　그 이유는 먼저 백제왕세자가 왜왕을 겸했다는 이전에 알려지지 않았던 새로운 사실을 덧붙여줌으로써, 기존에 알려진 사실보다 백제와 왜가 훨씬 더 밀접한 관계였음이 밝혀졌기 때문이다.

　게다가 이러한 사실은 칠지도 명문이라는 신뢰성 높은 금석문을 바탕으로 추론된 것이기 때문에, 내용의 신뢰성을 확실히 보장해 준다는 면에서도 그 의미는 남다르다.

칠지도 명문의 해석 종합 |

　이제까지 명문의 내용을 단어 하나하나 문장 하나하나 분석해가며, 세밀하게 살펴보았다. 이렇게 해석한 것들을 한데 모아 정리하면 결국 다음과 같다.

앞면: 泰和四年十一月十六日丙午正陽造百錬(鐵)七支刀(出)辟百
　　　兵宜供供侯王□□□□作

"태화4년 11월 16일 병오일 정양에 백 번이나 단련한 철로
된 칠지도를 만들었다. (칠지도는) 모든 병해를 물리칠 수 있어
마땅히 후왕에게 줄만하다. □□□□가 제작했다."

뒷면: 先世以來未有此刀百濟王世子奇生聖音故爲倭王旨造傳示
　　　後世

"선세 이래 이러한 칼은 없었다. (그런데) 백제왕세자 기(=구이
신)가 태어나 왕의 명령이 있은 까닭에, (백제왕세자를) 왜왕으로
삼는 뜻에서 (칠지도를) 만들었으니 후세에 전해 보이라."

---

* 　칠지도 명문에는 주어나 목적어가 생략된 경우가 더러 있다. 보다시피 두 번 이
　상 반복되는 단어는 반드시 생략되어 있다. 독자 분들의 쉬운 이해를 위하여 생
　략된 단어를 괄호를 통해 보충하였다.

七支刀

②

백제왕세자가
왜왕이 된 이유

銘 文

그렇다면 백제왕세자는 어째서 왜왕(倭王)이 된 것인가. 이 같은 의문을 해소하기 위해서는 먼저 백제가 어떠한 이유로 왜에 진출하였는지부터 살펴보아야 한다. 왜로의 진출이 선행되어야 비로소 왜왕에 오를 수 있기 때문이다.

백제가 왜에 진출한 이유 |

백제는 기존부터 진행되어 왔던 삼한인(三韓人)들의 일본 열도 이주와, 가야와 왜 간의 활발한 교류 관계 등에 영향을 받아 왜로의 진출을 모색한 것으로 보인다. 백제로서는 왜가 지리적으로 가까운 것도 아니고, 더구나 넓은 바다에 막혀 있어 왕래에도 많은 어려움이 있음에도 불구하고 왜와 교류하게 된 것은, 역시 가야와 왜의 긴밀한 관계에서 큰 자극을 받았음이 분명하다.

《일본서기》에는 백제가 가야연맹(伽倻聯盟)의 일원인 탁순국(卓淳國)을 통해 왜로 가는 방법에 대한 정보를 얻었다고 기록되어 있다. 백제는 왜 진출 자체도 가야의 영향을 받았지만, 왜에 진출하기 위한 구체적인 방법과 경로 역시 가야의 도움을 받았던 것임을 알려 주는 증거이다.

그러나 가야와는 달리, 백제는 경제적인 목적이나 문물교류 등에 주안점을 둔 것은 아니었다. 물론 그러한 목적도 없진 않았겠지만, 훨씬 더 주목했던 것은 바로 왜에 있는 주민들 그 자체였다. 이들의 군사적 활용 가치에 훨씬 무게를 둔 것이다. 그러니까 백제는 왜를 자국의 병력 수급지로 활용하고자 하는 의도에서 왜 진출을 모색하게 됐을 가능성이 크다는 것이다.

백제는 마한(馬韓)의 일개 소국에서 시작해서 발전을 거듭하여 삼국의 한축을 담당하는 큰 나라로 성장했지만, 전쟁은 끊이지 않았다. 오히려 국가가 성장하면 할수록 필연적으로 더욱 더 강한 상대를 만나게 되었고, 전쟁은 장기간에 걸쳐 더 큰 규모로 진행되었다.

계속되는 전쟁에 대비하기 위하여 병력 동원에 있어 뭔가 획기적인 대책이 요구되었다. 백제 영토 내 인구만으로는 한계가 있었기 때문이다. 실제로 한반도가 백제, 고구려, 신라 이 세 강국으로 정리되고 이들 간에 주도권 싸움이 격화될 조짐을 보이자, 그러한 대책 마련의 필요성이 점점 더 현실로 다가왔다. 백제는 앞으로 진행될 대규모 전투에 대비하기 위해서는 앞으로 백제 본토와는 별도로 새로운 병력 공급지를 발굴해야 한다는 사실을 절감했다. 백제가 왜에 주목하게 된 원인이 바로 이것이다.

백제가 일본 열도에 처음 진출한 시기는 근초고왕(재위346~375) 시대로 추측된다. 익히 알려져 있듯이 근초고왕 시대는 백제의 최전성기로, 해외 진출이 가능할 정도의 충분한 역량을 갖춘 시절이었기 때문이다. 이러한 추측은 《일본서기》의 기록이 뒷받침한다. 《일본서기》에는 364년 백제왕이 왜 진출로를 찾기 위해 신하들을 가야에 파견하여 그들의 활동을 통해 2년 후 백제는 왜인들과의 접촉에 성공함으로써, 366년 백제와 왜 간 공식적인 교류가 시작된 것으로 나와 있다. 364년에서 366년 사이는 다름 아닌 근초고왕의 시대이다.

이렇듯 백제의 전성기를 이끈 훌륭한 군주답게 근초고왕은 현재의 성공에 도취되지 않고 새로운 병력 수급지 확보를 통해, 다음 전략을 위한 새 기반을 차츰차츰 다져나갔던 것이다.

백제 장수, 왜의 군사를 이끌다

백제가 새로운 병력 수급지를 확보하기 위해 왜에 진출한 것이라는 추측은 사료를 통해서도 뒷받침된다. 백제와 왜가 공식적인 접촉을 시작한 이후, 사서의 기록을 읽어 나가다 보면 주목할 만한 사건이 나온다. 아래는 이에 대한 《일본서기》의 기록이다.

49년 봄 3월에 황전별(荒田別), 녹아별(鹿我別)을 장군으로 임명하였다. 그리하여 구저(久氏) 등과 함께 군사를 정돈하여 바다를 건너가 탁순국에 이르러 신라를 공격하고자 하였다. 그때 누군가가 "군사의 수가 적어서 신라를 깨뜨릴 수 없습니다. 그러니 다시 사백개로(沙白蓋盧)를 보내 군사를 증원해 달라고 요청하십시오."라고 말하였다. 곧 목라근자(木羅斤資), 사사노궤(沙沙奴跪)(이 두 사람의 성(姓)은 알 수 없다. 다만 목라근자는 백제의 장군이다.)에게 명령하여 정병을 이끌고 사백개로(沙白蓋盧)와 함께 가도록 하였다. 그 후 모두 탁순에 집결하여 신라를 공격하여 깨뜨리고 비자발(比自㶱), 남가라(南加羅), 탁국(㖨國), 안라(安羅), 다라(多羅), 탁순(卓淳), 가라(加羅) 7국을 평정하였다. 그리고 군사를 옮겨 서쪽으로 돌아서 고해진(古奚津)에 이르러 남만(南蠻) 침미다례(忱彌多禮)를 무찌르고 백제에게 주었다.[*]

위의 기록을 요약하자면, 신공황후 49년(서기 369년)에 신공황후가 신라를 공격하고 가야 7국을 평정하며, 전라도 남부(혹은 제주도)에 존재했던 마한의 잔여세력으로 추정되는 침미다례를 정벌하여 백제에 주었다는 내용이다. 주목해야 할 것은 양국의 교류가 시작한 지 얼마 안 되어 이 같은 사건이 진행되었다는 점이고, 또한 이 모든 일을 백제군과 함께 도모하고 있다는 점이다.

왜의 장수들은 신라를 공격하기 위해 당시 왜에 체류 중이던 백제 사신들과 함께 군사를 정돈하며 전쟁 준비를 하고 있었다. 위의 기록에서 언급되는 '구저(久氐) 등'이 바로 그 백제 사신

---

[*] 《일본서기》 원문은 《역주 일본서기》, 동북아역사재단, 2013.을 참고하였고, 《삼국사기》 원문은 《원문과 함께 읽는 삼국사기》, 한국인문고전연구소, 2012.를 참고하였다.

들이다. 구체적으로 설명하면 구저와 미주류(弥州流), 막고(莫古) 이 3인방을 가리키는 말인데, 이들은 백제와 왜가 연합하여 한반도 남부 지역을 공략하기 2년 전인 367년부터 이미 왜에 들어와 있었다.

이후 이들은 본격적인 전쟁을 위해 가야 연맹의 일원인 탁순국으로 건너갔다. 그런데 군사가 적다고 판단되어 좀 더 많은 군사를 본국에 요청하였다. 그러자 신공황후는 탁순국으로 증원군을 보내 주었다. 이 증원군을 지휘하는 장수들 중 하나가 바로 백제 장군으로 알려져 있는 목라근자(木羅斤資)이다. 목라근자는 그저 출신지가 백제인 것에 그치는 '백제계 왜 장군'이 아니라, 원문의 주석에도 나와 있듯이 말 그대로 '백제의 현직 장군'이었던 것이다. 이는 그냥 지나칠 수 없는 대목이다.

왜는 자국의 장수들로만이 아닌 백제 장수들과 연합하여 신라와 가야에 대한 공격 준비단계에서부터, 실제 전투까지 모든 과정을 함께 하고 있다. 해외 원정에까지 나설 정도로 국력이 강한 나라가 장군으로 세울만한 인재가 없어서 타국의 장수들을 빌려 써야 했던 것은 물론 아닐 것이다. 백제와 교류를 시작한 지 불과 몇 년밖에 되지 않은 시점이라 백제 장수들에 대한 능력이 제대로 검증되어 있지 않았을 뿐만 아니라, 무엇보다 총사령관인 신공황후의 입장에서는 군대를 본인 뜻대로 통솔하기에 타국의 장수보다는 자국의 장수에게 맡기는 쪽이 훨씬 편리하고 안전할 텐데 무슨 이유로 백제 장수들을 뽑아 그들에게 일을 맡긴 것인가.

상식적으로 생각했을 때 능력이 뛰어나든 아니든, 신뢰할 만하든 아니든 간에 자국의 군대를 타국의 장수에게 맡긴다는 행위 자체가 말이 안 되는 것이다. 그럼에도 불구하고 중요한 사실은 신공황후는 그렇게 했다는 것이다. 이 사실을 어떻게 받아들여야 할까.

신공황후의 실체 |

이를 이해하기 위해서는 먼저 신공황후가 어떤 인물인지부터 알아야 한다. 그런데 사실 신공황후는 실존하지 않았던 허구의 인물이다. 이는 《일본서기》의 내용을 통해 추론할 수 있다.

《일본서기》가 자국 천황에 대한 특유의 윤색과 한반도 왕조에 대한 비하적 표현을 제외하면 백제사 연구에 크게 도움이 되는 어느 정도 신뢰성을 갖춘 사료라는 사실과는 별개로 《일본서기》 신공황후조만을 따져 살핀다면, 신공황후조는 전체적으로 정상적이지 못한 내용이 많은 허구성 짙은 기록이다. 구체적으로 신공황후조 전반부(신공황후 39년 이전 기록)는 신화적이고 초자연적인 내용도 많은 데다, 당시 실제 상황과는 무관하게 자국에 유리하게끔 조작한 흔적을 여러 군데에서 많이 찾아볼 수 있다. 이를테면 전자의 경우, 신공황후가 신(神)의 말을 통역하는 자를 통해서 신과 대화를 하는가 하면, 커다란 바위가 길을 막고 있자 신에게 칼과 거울을 바치고 기도를 올리니 갑자기 벼락이 쳐 그 바위가 깨졌다는 식의 내용이 그러하다.

또한 신공황후가 신라로 출병하여 아무런 피해 없이 무혈 입성하여 매우 간단하게 신라왕의 항복을 받아내는 장면과, 신라가 신공황후에 굴복했다는 소식을 듣고 이를 두려워하여 고구려와 백제도 알아서 자발적으로 왜에 조공을 바치기 시작했다고 하는 등의 허무맹랑한 내용은 당시 사실과는 전혀 부합하지 않은, 자국에 유리하도록 조작한 기록임을 보여주는 실례라고 할 수 있다.

그나마 신공황후조 후반부(신공황후 39년 이후 기록)는 전반부에 비해 구체적이고 현실성 있는 내용들이 많이 담겨 있어 비교적 신뢰할 만하기는 하다. 하지만 사건의 연대가 정확하지 않다는 심각한 문제점이 있다. 신공황후조에서는 신공황후가 201년에서 269년 사이에 왜국을 다스렸다고 되어 있다. 하지만 그 기간 일어났던 사건을 《삼국사기》의 기록과 비교해 보면, 발생

시점 상 120년의 시간 차이가 일어난다는 것을 알 수 있다.*
이 같은 시차는 책의 서두에서도 언급한바 있는 '이주갑인상'이
라는 것인데, 이는 신공황후조 이후부터 발생하는 시차로서
《삼국사기》의 기록이 제대로 된 시점이고, 신공황후조의 기록
은 120년이나 앞당겨진 시점인 것이다. 즉 신공황후조는 후대
에 일어난 사건들을 끌어다가 120년 먼저 일어났던 사실인양
기록되어 있는 셈이다.

이 같이 왜곡되고 과장된 내용이 많은 데다, 사건의 큰 시간
적 오차까지 발생하는 것으로 보았을 때, 신공황후조는 가상
의 인물인 신공황후를 실제로 존재했던 인물인 것처럼 가장하
기 위해 억지로 꾸며낸 기록이라고 할 수 있다.

사실 신공황후는 삼국지 위지 동이전과 《삼국사기》 신라본
기에서 언급되는 비미호(卑彌呼)라는 인물을 모델로 한 것이라고
많은 학자들은 추측하고 있다.** 비미호는 왜(倭)에 속하는 나라

---

* 예를 들면, 《삼국사기》에서는 근초고왕, 근구수왕, 침류왕의 사망 연도가 각각
375년, 384년, 385년으로 기록되어 있다면, 《일본서기》에서는 그들의 사망 연도
가 각각 255년, 264년, 265년으로 식으로 되어 있어 두 사서 간에 정확히 2주갑
(120년)의 차이가 있다는 것을 알 수 있다.

** 한편으로는 신공황후가 제명(齊明)천황을 모델로 한 인물이라고 보는 학자들도
다수 있다. 제명천황은 7세기중엽 백제 멸망 직후 부흥군 모병 등 백제 부흥을
위해 갖은 노력을 기울였던 여자 천황이다. 행적만을 가지고 보자면, 신공황후는

의 하나인 사마대국(邪馬台國)의 여왕으로, 대략 2세기 후반에서 3세기 중반 사이에 실존했던 것으로 알려진 인물이다.

결국 《삼국사기》의 기록과 120년의 차이를 보이는 것은 우연한 시간 착오가 아닌, 가상 인물인 신공황후를 비미호에 대입시키기 위해 사건 연대를 의도적으로 앞으로 당긴 것이라고 볼 수 있다.

가야 7국과 침미다례 정벌 기사의 재해석 |

그렇다면 신공황후가 허구의 인물이라는 것을 감안하여 369년에 일어났던 가야 7국과 침미다례의 정벌 기사를 제대로 재해석해 보기로 한다. 신공황후는 존재하지 않았던 인물이니, 그 기록에서 신공황후의 이름을 지운 상태에서 재해석하는 것이다. 고로 신공황후가 행했다고 전해지는, 이를테면 황전별과 녹아별을 장군으로 임명하였던 일과 목라근자와 사사노궤를 합류시킨 것, 그리고 침미다례를 백제에 넘겨준 행위 따위는 모두 허구가 된다.

제명천황에 더욱 가깝다고 할 수 있다. 따라서 활동 시기 면에서는 비미호, 행적은 제명천황을 참고하여 만들어진 허구의 인물이라고 보는 것이 타당할 것이다.

그런데 유의할 점은 이러한 사건들 자체가 아예 없었다는 것이 아니다. 실제로 일어났던 일이 아니라면 이처럼 구체적이고 생생한 기록이 나올 수 없다. 다만 이 사건들의 주체가 신공황후가 아니라는 것이다. 다시 말해서 백제와 왜 연합군의 가야 7국 및 침미다례 침공은 실제로 일어난 사건이지만, 이 같은 일이 마치 왜의 주도하에 일어난 사건인 것처럼 조작하기 위해 신공황후라는 가상의 인물을 내세워 기록을 각색하였다는 뜻이다.

그렇다면 누가 이 일을 주도했는가

당연히 백제다. 이는 전쟁의 결과를 보면 확실히 알 수 있다.

남만(南蠻) 침미다례(忱彌多禮)를 무찌르고 백제에게 주었다.

50년 여름 5월에 천웅장언(千熊長彦), 구저 등이 백제에서 돌아왔다. 이에 황태후는 기쁘게 맞이하며 구저에게 "바다 서쪽에 여러 한(韓)을 이미 너희 나라에게 주었다…."

《일본서기》에 나오는 위와 같은 두 개의 기록에서 알 수 있듯이, 백제·왜 연합군이 전쟁을 치러 얻은 침미다례와 여러 한(韓), 즉 가야 연맹의 소국들은 모조리 백제의 차지가 되었다. 전쟁은 애초에 신공황후의 결의로 시작된 것이고 또한 그의 지휘 아래 진행되었다. 그럼에도 전쟁으로 인한 '전리품'들은 정작 일개 조력자일 뿐인 백제가 독점하고 있는 것이다. 이것은 누가 봐도 말도 안 되는 비현실적인 전후 처리이다.

그러나 이 전쟁을 주도한 측이 백제였다는 관점에서 생각해 본다면 지극히 자연스러운 결과이다. 백제가 주도한 전쟁이었기 때문에 그 과실도 당연히 백제의 몫이 되었던 것이다.

결국 백제 장수가 왜군(倭軍)을 이끌게 된 경위는 이렇게 설명된다. 백제왕의 명령에 의해 왜로 파견된 목라근자와 구저 등 백제 장수가 왜의 군사를 동원하여 가야와 침미다례 정벌을 실행한 것이다. 백제왕의 명령으로 이들 국가를 정벌한 게 아니라면 침미다례가 공짜로 백제한테 주어졌을 리 없다. 세상에 어느 나라가 많은 병사들의 피와 땀을 뿌려가며 힘겹게 얻은 땅을 자원 봉사하듯 아무런 대가 없이 다른 나라에 공짜로 주겠는가.

게다가 위의 기록에서 침미다례를 '남만(南蠻)'으로 표현한 것도 눈여겨 볼 필요가 있다. '남만'은 말 그대로 '남쪽의 오랑케'

라는 뜻이다. 그런데 《일본서기》를 편찬한 왜인들 입장에서 침미다례는 남쪽에 있지 않다. 역사학자 김현구는 바로 이러한 점을 지적한 바 있다. 그의 견해에 따르면, '남만'이라는 표현은 백제의 입장에서나 사용 가능한 표현이라는 것이다. 왜에서 보았을 때 침미다례는 서쪽에 있으므로, '서융(西戎)' 또는 '서만(西蠻)'이 되어야지 '남만'이 될 수는 없기 때문이다. 매우 설득력 있는 견해라고 할 수 있다. 백제를 기준에 놓고 보면, 당시 한반도 최남단에 위치했던 침미다례는 당연히 '남만'이 될 것이다. 이러한 백제 중심적 표현은 결국 작전이 백제의 주도 하에 성사된 것임을 방증한다. 따라서 '남만'이라는 단어는 가야와 침미다례 정벌이 왜가 아닌, 백제의 주도 아래 이루어진 사건이었음을 뒷받침하는 또 하나의 근거가 될 수 있을 것이다.

그러나 백제 장수들이 별다른 조치 없이 왜 현지인으로 구성된 군대를 직접 이끌기엔 쉽지 않았을 것이다. 생소한 타국 장수의 지휘를 받아야 한다는 점에서 현지 병사들의 반발 우려도 있고, 언어나 문화 차이에 의한 어려움도 발생할 수 있기 때문이다.

이를 보완하고자 황전별, 녹아별, 사사노궤 등으로 대표되는 왜인 장수들을 뽑아 백제 장수와 왜인 병사 사이에서 가교 역할을 하게 한 것으로 보인다. 이를테면 백제 장수가 장교라면,

왜인 장수는 부사관 역할을 맡은 셈이다.

이처럼 백제가 왜 진출 초기부터 적극적으로 왜군을 동원하여 자국의 군사 활동에 활용했다는 사실은, 백제가 병력 수급을 위해 왜로 진출한 것임을 강력히 시사해 주는 근거인 것이다.

백제와 왜의 초기 관계

그런데 여기서 '진출'이라는 말은 무력으로 침략했다는 의미가 아니다. 백제는 왜를 무력으로 침공할 의도도, 그럴만한 여력도 없었다. 한반도 내에서의 세력 확장과 항쟁에 집중해야 할 중요한 시기에 따로이 많은 군사를 내어 바다 건너 멀리 있는 왜에까지 원정을 감행한다는 것은 자폭 행위 그 자체였다. 이 같은 무리한 원정은 실패할 경우는 물론이고, 설령 성공한다 하더라도 무의미한 병력 소모가 될 뿐이다.

백제의 왜 진출은 무력 침략이 아닌, 대가를 지불해서라도 백제에 필요한 병력을 수급할 수 있는 곳을 구하기 위한 일종의 '거래처 발굴'로 보아야 한다. 백제는 왜로부터 병력을 공짜로 지원 받은 것이 아니었다. 그에 값하는 물자와 신문물을 제공해 주는 상업적인 거래를 하였기 때문에 가능한 것이었다.

따라서 왜는 백제에 있어 필요한 병력을 거래를 통해 얻어낼 수 있었던 '거래처'로 볼 수 있다.

이처럼 양측이 서로의 이해관계에 따라 거래를 통해 평화적으로 병력과 문물을 교환했음을 알 수 있게 해 주는 근거를 다음의 《일본서기》 기록에서 찾아볼 수 있다.

"짐이 친히 교류하는 백제국은 하늘이 내려주신 것이지 인간에 의한 것이 아니다. 완호(玩好), 진물(珍物)은 우리나라에 일찍이 없었던 것인데 해를 거르지 않고 항상 와서 공물로 바치고 있다. 짐은 그 정성을 생각할 때마다 항상 기쁘다. 짐이 살아 있을 때와 마찬가지로 두터이 은혜를 베풀도록 하라."고 명하였다.

그 해에 천웅장언(千熊長彦)을 구저 등에게 딸려서 백제국에 보냈다. 그리하여 큰 은혜를 내리며 "짐은 신의 가르침에 따라 처음으로 길을 열고 바다의 서쪽을 평정하여 백제국에게 하사하였다…"

위의 기록에서 알 수 있듯이, 신공황후는 백제에서 보낸 '공물'을 받아들이면서 매우 즐거워하고 있다. 신공황후의 이 같은 호의적 반응은 백제에서 만들어 보낸 물품들이 그만큼 매우 신기하면서도 훌륭했으며, 또한 그로 인해 당시 왜가 백제의 문물을 얼마만큼이나 선호했는지를 반영한다고 볼 수 있다. 백제의 문물에 흠뻑 빠진 신공황후는 이에 값하여 앞으로도 백제에 '은혜'를 베풀라고 하고 있다.

이 '은혜'라는 것이 어떤 것인가 하면, 그 다음 문장에도 나와 있듯이 '바다의 서쪽'을 평정하여 백제에 주었던 일과 같은 경우를 말한다. 일본 열도에서 바라봤을 때 '바다의 서쪽'은 다름 아닌 한반도이다. 그러니까 신공황후가 언급하는 '은혜'라는 것은 결국, 예전에 백제와 함께 가야와 침미다례를 평정하여 백제에 주었던 일을 말하는 것이다.

그러나 앞서 밝힌 바와 같이, 가야와 침미다례를 평정한 주체는 왜가 아니라 백제라고 하였다. 그 당시 왜는 그저 병력을 제공해 주었을 뿐이다. 따라서 신공황후가 언급한 '은혜'의 실체는 결국, 가야와 침미다례 정벌전 때 백제에 제공했던 병력 지원 행위를 말하는 것이다.

이쯤에서 다시금 신공황후가 가공인물이고 《일본서기》가 천황의 권위를 높이기 위한 의도에서 윤색된 기록임을 상기해 보자. 이를 감안하여 위의 《일본서기》 원문에서 왜곡과 윤색의 가림막을 걷어내고 투명하게 해석한다면 원문의 기록은 결국, 왜는 백제에서 들어오는 물품들을 매우 선호하고 있었으며, 이 같은 물품들을 제공받는 대가로 '용병' 형태의 병력을 제공하고 있었다는 본래의 사실을 보여 주는 단면이라고 할 수 있다.

문물과 병력의 거래를 통한 이 같은 '상부상조' 관계는 백제와 왜 양측의 초기 관계에 있어 기본적인 입장이었다. 또한 이것은 현재 한국 역사학계에서 백제와 왜의 관계를 설명하는 일반적인 시각이기도 하다.

그런데 핵심은 고구려와의 전쟁을 계기로 이 같은 관계가 근본적으로 변화하였다는 데 있다.

고구려와의 전쟁 |

백제와 고구려, 이 두 나라 사이에는 건국 이래 오랫동안 낙랑군과 대방군이 존재하여 그간 직접적으로 충돌하는 일은 피할 수 있었다. 하지만 고구려 미천왕이 서기 313년과 314년에 낙랑군과 대방군을 잇달아 격파하고, 이들을 한반도 내에서 완전히 축출해 냄으로써 백제와 고구려는 마침내 국경을 맞대게 되었다. 이 두 강국이 맞붙게 되는 것은 이제 시간문제가 된 셈이다.

아니나 다를까 서기 369년 겨울, 고구려 고국원왕이 전격적으로 백제를 침공함으로써 마침내 양국 간의 오랜 전쟁이 시작되었다. 369년은 앞서 보았던 것처럼, 백제가 왜와 연합하여 가야와 침미다례를 정벌한 해이기도 하다. 고구려는 이처럼 백제가 남방 공략에 힘을 쏟고 있을 때를 틈타 기습적으로 공격을 개시한 것이다.

백제로서는 뜻하지 않게 후방에서 고구려 군대의 공격을 받게 되었지만, 근초고왕은 왕세자 근구수를 보내어 고구려군을 잘 막아내었다. 그리고 2년 후 백제는 3만의 병력을 이끌고 고구려에 대한 보복공격을 실시하였다. 고구려 영토를 공격해 들어간 백제군은 당시 고구려의 주요 성 가운데 하나이자, 향후 고구려의 수도가 된 평양성까지 진격하여 고국원왕을 전사시키는 커다란 전과를 올리게 된다.

이후에도 두 나라는 수차례에 걸쳐 공방을 거듭했다. 전쟁 초기에는 근초고왕의 활약으로 백제가 우세했지만, 근초고왕 사후 20여 년 간은 양국 간 우열을 가리기 힘든, 치열한 전투의 연속이었다.

그러나 고구려의 위대한 정복군주인 광개토대왕(이하 '광개토왕')
이 등장하고서부터 상황은 완전히 뒤바뀌게 된다. 391년* 왕위
에 오른 광개토왕은 즉위한 다음해부터 백제를 몰아치기 시작
했다. 백제의 10개 성을 순식간에 함락시키고, 뒤이어 백제가 절
대로 내줘서는 안 될 중요한 요충지인 관미성까지 점령하였다.

당시 백제왕인 진사왕은 파죽지세로 밀어닥치는 광개토왕의
군대에 속수무책으로 당할 수밖에 없었다. 원래 진사왕은 《삼
국사기》에서 "용맹하고 총명하며 지략이 있다"고 평가될 만큼
걸출한 인물이었지만, 광개토왕의 능력에는 차마 미치지 못했
던 것이다.

관미성 함락 이후 얼마 지나지 않아 진사왕은 사망하였다.
그리고 그의 뒤를 이어 '광개토왕의 영원한 도전자'인 아신왕이
즉위하였다. 참고로 아신왕은, 칠지도를 제작했던 왕으로 추정
되는 전지왕의 아버지이기도 하다. 어쨌든 백제는 새로운 왕을
맞이하게 되었으나, 고구려와의 전쟁은 여전히 힘들었고 전세

---

* 《삼국사기》에서는 광개토왕이 392년에 즉위한 것으로 되어 있고, 〈광개토왕비
 문〉에서는 391년에 즉위한 것으로 되어 있다. 필자는 고구려인이 직접 남긴 〈광
 개토왕비문〉의 기록이 좀 더 신빙성 있다고 판단하여, 이를 채택하였다.

는 계속 불리해져만 갔다.

아신왕은 즉위 이듬해인 393년 관미성을 탈환하기 위해 군사 1만 명을 동원하여 고구려를 공격하였다. 왕의 외삼촌[*]이자 장군인 진무(眞武)가 위험을 무릅쓰고 선봉에 서서 진격하여 관미성을 포위하는 등 역공을 펼쳤지만, 고구려군의 방어는 철통같았다. 결국 군량 보급이 여의치 못해 성을 함락하지 못하고 그대로 퇴각할 수밖에 없었다.

이듬해인 394년과 그 다음해인 395년 가을에도 연속으로 출전하여 고구려와 전투를 벌였다. 그러나 두 번 모두 패하고 말았다. 특히 두 번째 전투는 군사를 8천 명이나 잃는 크나큰 패배였다.

이 패배에 대한 앙갚음을 하고자 불과 몇 달 지나지 않은 395년 겨울, 아신왕은 직접 군사 7천 명을 이끌고 한강을 건너기에 이르렀다. 하지만 불운하게도 기상 악화로 인해 동사자들이 속출하여 아신왕의 군대는 이번에도 적잖은 피해만 입었을 뿐, 별다른 소득 없이 물러설 수밖에 없었다.

---

[*]　또는 장인이라고 추측하기도 한다. 《삼국사기》에서 진무는 아신왕의 친구(親舅)라고 소개되어 있다. '구(舅)'는 외삼촌 또는 장인을 뜻하는 글자이다. 그런데 앞의 '친(親)'자가 붙어 있는 것으로 보아 외삼촌으로 보는 것이 옳을 듯하다.

관미성 함락 이후 수년 간 백제군의 공격을 막아내며 수세적 입장만을 고수하던 고구려군은, 이제는 때가 왔다고 판단하여 396년 드디어 성문 밖으로 박차고 나와 진군하기 시작했다. 광개토왕은 친히 대군을 이끌고 백제 수도를 향하여 거침없이 진격했다. 진격 도중에 수많은 백제성을 함락시키고 한강을 건너 마침내 백제의 수도성인 한성에 이르게 되었다.

이에 백제군도 나름 힘써 저항하였으나, 광개토왕이 직접 이끄는 고구려군의 기세를 막을 수는 없었다. 한성은 곧 포위되었고 오래지 않아 항복하여, 아신왕은 결국 광개토왕 앞에서 무릎을 꿇을 수밖에 없었다. 그러고는 그의 동생과 대신(大臣) 10명을 고구려에 인질로 보내고, 영구히 고구려왕의 노객이 되겠다는 굴욕적인 맹세를 하는 것으로써 고구려와의 전쟁은 일단락되었다.

고구려와의 전쟁에서 왜군이 동원되었을까? |

그런데 이상하게도 백제와 고구려가 전쟁을 개시하는 369년부터 아신왕이 광개토왕에 굴복하는 396년까지 27년간, 이 전쟁에 왜군이 개입되었다는 흔적은 전혀 보이지 않는다. 《삼국사기》는 물론 〈광개토왕비문〉과 《일본서기》에서조차 관련 기록을 전혀 찾아볼 수 없다. 그러니까 이 기간 동안에는 왜군이 동원되지 않았다고 보아야 할 것이다.

369년 백제가 왜군의 도움을 얻어 가야 7국과 침미다례 등을 손쉽게 정벌하는 짭짤한 효과를 거둔 전례가 있음에도, 고구려에 굴욕적으로 항복하기까지 왜군을 전혀 활용하지 않은 사실은 아무래도 납득하기 힘든 일이다. 물론 근초고왕 이래 몇십 년간은 백제도 나름 강성했기 때문에 굳이 왜군의 지원을 받지 않고도 혼자만으로 충분히 고구려에 대항할 힘이 있었다.

그러나 상황은 점차 달라졌다. 백제는 전쟁이 장기화되면서 피해가 누적되었고, 특히 광개토왕이 즉위한 이후 고구려에 연이어 참담한 패배를 당하며 주도권을 고구려로 완전히 넘겨주었다. 백제는 급격히 힘을 잃어가고 있었다.

이는 백제에서 동원되는 병력 숫자에서 여실히 드러난다. 근초고왕 시대와 근구수왕 집권 초기까지 만하더라도 백제는 3만의 병력이 유지되고 있었다. 그러나 16년이 지난 뒤인 아신왕 2년, 관미성 탈환을 위한 전투에서 동원되는 병력은 1만 명에 불과했다.

'관미성 탈환전'은 병력을 일부러 그렇게나 축소시킬 만큼 중요성이 떨어지는 작전이 결코 아니었다. 백제에 있어 관미성이 갖는 전략적 중요성은 아신왕이 직접 전한 말로써 확실히 알 수 있다. 아신왕은 자신의 즉위 후 맞는 고구려와의 첫 번째 전투인 관미성 전투에 앞서, 진무 장군에게 다음과 같은 당부의 말을 하며 결의를 다졌다고 《삼국사기》는 전하고 있다.

> "관미성은 우리나라 북쪽 변경의 옷깃처럼 중요한 곳이다. 지금 그 땅이 고구려의 소유가 되어 있으니, 이것을 과인은 애통해하는 바이다. 경은 마땅히 마음을 기울여 치욕을 갚아야 할 것이다."

아신왕의 말마따나 관미성은 백제 북부 국경에서 옷깃처럼 중요한 곳이다. 백제로서는 반드시 그 곳을 수복해야만 했다. 거기에다 그의 말처럼 앞서 당한 치욕도 되갚아야 했고, 무엇보다 광개토왕 등장 이후 전쟁 주도권을 완전히 고구려에 내준 상황에서, 전쟁에 최종적으로 패하지 않기 위해서는 관미성 수복과 같은 획기적인 분위기 전환이 필요했다.

이처럼 관미성 쟁탈전은 백제의 모든 군사적 역량을 쏟아부어야 할 중요한 작전이었다. 그럼에도 불구하고 이 작전에 동원된 병력은 전성기의 삼분의 일 수준에 지나지 않았다. 결국 이 정도가 당시 백제가 동원할 수 있는 최대한의 병력 숫자였던 것이다. 그만큼 백제는 병력 동원 면에서 상황이 매우 심각했다.

안 그래도 힘들었던 백제에 결정타를 가한 것은 395년 가을의 전투였다. 앞서도 보았듯이 백제는 이 전투에서 병력을 무려 8천 명이나 잃었다. 고작 1만 명 정도의 병력 동원 능력밖에 안 되던 백제가 8천 명의 병력 손실을 입었다는 것은, 사실상 전멸이라고 보아도 무방할 정도의 궤멸적인 타격이었다.

물론 세 달 후 백제는 군사를 7천 명까지 충원함으로써 그 짧은 기간 동안에 상당한 병력을 동원하는 놀라운 회복력을 보이고 있기는 하다. 고구려에 연전연패하던 상황이긴 했지만, 백제도 나름 저력이 있었던 것이다.

그러나 이때 동원된 병력들은 제대로 된 병력이라고 말하기 어려웠을 것이다. 워낙에 위급했던 상황인지라, 다른 때 같으면 정상적인 병력으로서 차출되기 어려웠을 어린 소년, 노인, 환자 및 기타 오합지졸들까지 깡그리 긁어모은 병력일 가능성이 크다. 그랬기 때문에 짧은 시간 만에 꽤 많은 병력을 모을 수 있었던 게 아닐까. 어쨌든 이쯤 되면 정말이지 왜군이 동원될 법도 하다. 그러나 끝내 그러한 일은 일어나지 않았고, 다음해 백제는 결국 광개토왕에게 패하여 굴복하고 말았다.

물론 왜군이 어느 정도 동원되었기 때문에 단기간 동안 제로

베이스에 가까운 상태에서 병력 동원 최대치의 70%까지나 충원할 수 있었던 것이 아닐까 하는 생각이 들기도 한다. 하지만 모든 사료를 통틀어보건대, 이 당시에 왜군이 동원되었다는 증거나 정황은 전혀 찾아볼 수 없다.

시 대	근초고· 근구수왕 시대	→	아신왕2년 (관미성 전투 직전)	→	아신왕4년 가을 (병력 8천명 상실)	→	아신왕4년 겨울 (병력 총원 후)
병력수	3만명		1만명		2천명 이하 (전멸에 가까운 수치로 예상)		7천명 (머릿수만 채운 급조된 병력으로 예상)

왜군이 동원되지 못한 이유

그렇다면 이 같은 국가적 대위기 상황 속에서도 무엇 때문에 백제는 왜군을 동원하지 않았을까. 가야와 침미다례 공략 때에는 요긴하게 써 먹었던 왜의 병력이 고구려와의 전쟁 기간에는 보이지 않는다는 사실은 표면적으로 보았을 때 분명 이해하기 힘든 일이다. 하지만 백제와 왜 각각의 입장에서 차근히 생각해 본다면, 그것은 그럴 만한 충분한 이유가 있었다.

고구려를 상대하는 일은 가야나 침미다례 따위를 상대하는 것과는 차원이 다르다. 이것은 고구려의 국력이 가야나 침미다례에 비하여 월등했기 때문이다. 백제 입장에서는 적이 자국 영토 안으로 침범해 들어오는 것이니 전쟁을 피할 순 없었다. 상황이 좋든 나쁘든 주어진 상황에서 그저 최선을 다해 싸워야 할 뿐이다. 그러나 제3자에 불과한 왜의 입장에서는 이야기가 달라진다.

백제와는 달리 왜는 전쟁을 선택할 수 있었다. 고구려가 왜의 직접적인 위협 대상도 아니거니와 향후 위협이 될 염려도 없었기 때문이다. 굳이 참전해야 할 당위성이 없었던 것이다.

그럼에도 불구하고, 만일 왜가 백제의 원군으로 대고구려전에 참전하게 된다면, 그들은 기필코 그 전쟁에서 승리해야만 한다. 그것도 일방적인 압승일수록 좋다. 그래야 자신들의 피해는 최소화시키면서도 백제로부터의 답례품은 원활하게 받아낼 수 있기 때문이다.

그러나 만일 백제·왜 연합군이 전쟁에서 패하여 버린다면 이 모든 것은 물거품이 된다. 패배한 백제는 존망의 기로에 서게 되어 자신들의 안위를 돌보기도 힘겨워지기 때문에, 협력자인 왜를 챙겨줄 여유 따위는 사라지게 될 것이다. 따라서 왜의 입장에서 봤을 때 승산이 별로 없는 싸움에 설불리 뛰어든다는 것은 인적·물적으로 상당한 피해만 입을 뿐 얻어낼 것은 전혀 없는, 어리석기 짝이 없는 행동이 되어버린다.

게다가 더욱더 위협적인 것은, 고구려의 다음 표적은 자신들이 될 수도 있다는 점이다. 백제를 도우려다 적잖은 피해만 입고, 설상가상으로 고구려의 심기를 건드린 죄로 본인들조차 위험에 처해질 수 있다.

따라서 왜의 입장에서는 가야나 침미다례를 상대했던 것과 같이 확실하고도 압도적으로 이길 수 있는 전쟁이 아니라면, 많은 희생을 예상하면서까지 굳이 참전할 것이 아니라, 그저 중립을 지키는 것이 최선의 방편이었다.

백제의 입장에서도 왜군 동원은 긍정적으로만 생각할 문제가 아니다. 그들을 동원하여 고구려와 같은 강한 상대에 맞붙게 하려면, 그만큼 많은 대가를 지불해야 한다. 특히 광개토왕 등장 이후 고구려군의 기세와 전투력이 절정에 달하였다는 점을 감안한다면, 왜군을 설득하기 위한 막대한 답례품을 준비하여야 했을 것이다. 그렇지만 오랜 전쟁으로 자국 군대의 물자 보급에도 버거운 현실에서 백제로서는 쉽지 않은 일이다.

설령 그들을 동원하는 데 성공한다 치더라도 문제가 완벽히 해결되는 것이 아니다. 오히려 비용 문제보다도 근본적이고 심각한 문제가 남아 있다. 그 문제는 전쟁 상황에 따라 '용병으로서의 왜군'은 언제고 변심할 우려가 있다는 점이다. 용병이란 본디 통제하기가 매우 어려운 법이다. 게다가 대고구려 전쟁과 같은 힘든 전쟁에 나서는 용병들은 더욱더 쉽게 동요하기 마련이다. 고된 전투와 패배가 거듭된다면, 아무리 많은 보상을 약속받았다 할지라도 병사들의 마음이 흔들릴 수밖에 없다. 그리고 이런 불안한 심리가 증폭되고 확산된다면 그저 목숨이라도 부지하자는 생각을 지닌 병사들의 집단 탈주로 이어질 것이다.

그래도 이들이 전선에서 이탈하는 정도로 그쳐 준다면 그나마 다행이다. 최악의 사태는 왜군이 백제를 배신하고 고구려와 손을 잡는 것이다. 왜가 백제한테 얻을 수 있는 문물들은 고구려한테서도 마찬가지로 얻을 수 있었다. 당시 고구려는 문화 수준에 있어서 백제에 비해 결코 뒤처지지 않았던 데다 국력과 경제력에 있어서는 오히려 백제를 압도하는 수준이었기 때문이다.

왜군이 고구려의 회유에 넘어가 그들 편에 서게 된다면 백제에게는 너무도 치명적인 타격이 될 것이 분명했다. 적을 이중으로 맞아야 하기 때문이다. 안 그래도 상당한 병력 차이인데, 왜군까지 저쪽으로 넘어간다면 훨씬 더 심각해진다. 왜군을 동원한 목적 자체가 부족한 병력을 충원하기 위해서였는데, 전쟁이 이런 식으로 흘러간다면 백제의 입장에서는 말 그대로 '죽 쑤어 개 준' 격이 되는 셈이다.

병력의 차이가 급격히 벌어지는 것도 커다란 문제지만, 이에 못지않게 심각한 문제가 바로 군의 심리적 타격이다. 믿고 의

지하려던 왜군이 배신해버린다면 백제군의 사기는 걷잡을 수 없이 저하되어 결국 싸울 의지마저 소멸되어 버릴 수 있다. 게다가 광개토왕의 등장 이후 대고구려전은 모두 백제 영토 내에서 벌어지는 상황이었으므로 문제는 더욱 심각해진다. 가령 왜군이 고구려와 은밀히 내통하여 백제가 방어 중인 성 내부에서 성문을 개방하는 일이라도 발생한다면, 그 전투는 퇴각할 여유도 없이 그걸로 끝장나버릴 것이기 때문이다. 이런 점에서 심리적 타격뿐 아니라 전술적인 타격도 무시할 수 없다.

그렇기 때문에 고구려를 상대함에 있어 왜군의 동원은 양날의 검일 수밖에 없다. 백제로서는 이를 고려하지 않을 수 없었다. 백제군 지도부에서는 아마도 왜군 동원 여부를 두고 대단히 고심했을 것이다. 상당한 위험을 감수하고라도 급한 대로 왜군을 동원해야 할지, 아니면 더욱 혹독한 고난을 겪게 될 수도 있으니 이를 포기해야 할지. 고심 끝에 백제는 결국 왜군을 동원하지 않은 쪽으로 가닥을 잡았다.

결론적으로 존망의 기로에 선 위급한 상황 가운데서도 왜군을 동원하지 않았던 이유는, 백제로서는 왜군을 대고구려전에 동원해도 안심될 만큼 그들을 완벽하게 신뢰할 수는 없었기 때문이다.

그럼에도 불구하고 백제는 왜의 지원이 필요했다 |

고구려와의 전쟁에서 왜군을 동원하지 않은 것은 일단 현명한 판단이었다고 생각된다. 그렇지만 장기적 측면에서 그들의 지원은 꼭 필요했다. 백제는 삼국 간의 전쟁이 격화될 경우를 대비하여 왜와의 관계를 더욱 긴밀히 할 필요가 있었다. 그리고 그들의 병력을 완벽히 신뢰할 만큼의 아군으로 탈바꿈시켜 전쟁에 동원할 수 있도록 만들어야 했다.

백제가 결국에 가서 왜군을 자국 방어전에 동원할 수밖에 없었던 중요한 원인이 된 사건이 있다. 이것은 광개토왕이 백제를 침공하기 직전인 392년 봄으로 거슬러 올라간다. 이때 고구려는 신라와 정식으로 국교를 맺었다. 형식상으로는 국교였지만, 국력에서 고구려에 비할 바가 못 되는 신라가 사실상 고구려의 속국이 된 것이나 다름없었다. 백제 입장에서는 신라와 함께 연합하여 고구려에 대항해도 힘이 부치는 판국에, 신라가 고구려 편에 서게 됨으로써 오히려 백제가 고립될 위기에 처해진 것이다.

신라를 확실한 자기편으로 만든 광개토왕*은, 곧이어 칼을

---

* 《삼국사기》에서는 고구려와 신라의 국교가 광개토왕 즉위 이전에 일어난 일(고국양왕 9년; 서기 392년)로 되어 있다. 그러나 〈광개토왕비문〉에 의하면 광개토

빼어 들고 백제에 대한 공격을 개시했다. 그가 실행한 일련의 행동들을 보면 광개토왕은 즉위하는 그 순간부터, 어쩌면 그 이전부터 백제 공략에 대한 모든 시나리오를 이미 머릿속에 두고 있었던 것인지도 모른다는 생각이 든다. 백제가 신라와 연합할 가능성을 미연에 차단하고, 전격적으로 백제를 공격하여 천혜의 요충지인 관미성까지 차지함으로써 백제와의 전쟁에서 완벽한 우위를 점한 사실은, 어떤 치밀한 계획 아래 단행된 작전이었다고밖에 설명하기 어렵기 때문이다.

그가 백제 정벌 작전에서 보여준 치밀함은 고구려 군의 공격 타이밍에서도 잘 드러난다. 광개토왕이 백제를 공격하기 시작한 때는 그가 즉위한 지 불과 1년여밖에 안 된 시기였다. 더구나 그의 나이는 19살에 지나지 않았다. 왕위에 오른 지 얼마 안 된 데다 나이까지 어린 군주다 보니, 백제로서는 방심하고 있어도 자연스러웠을 상황이다. 광개토왕은 백제의 이러한 느슨한 심리 상태를 간파하여, 신속하고도 과감한 판단으로 백제의 허를 제대로 찔렀던 것이다.

이처럼 상대의 허점을 구석구석 분석하여 치밀한 전략을 세우고, 계획된 전략을 주저 없이 실행에 옮기는 그의 주도면밀

왕은 이미 391년에 즉위한 상태였으므로, 고구려와 신라의 국교는 광개토왕 시대에 일어난 사건이라고 보는 것이 옳을 듯하다.

함과 강한 추진력은 정말이지 경탄을 자아내기에 부족함이 없
다. 하지만 백제 입장에서는 재앙 그 자체였다. 무엇보다 신라
가 고구려와 연합한 것은, 관미성을 빼앗긴 사건 못지않은 생
각지도 못한 뼈아픈 타격이었다.

백제는 근초고왕 이래 신라와의 관계 개선에 큰 정성을 들여왔다

백제와 신라는 두 나라가 탄생한 이래 공존 초기부터 서로
사이가 좋지 못했다. 서로 '주적'이라고 규정해도 좋을 정도로,
양국은 몇백 년에 걸쳐 수십여 차례나 공방을 주고받으며 악연
을 쌓아나갔다. 하지만 끊임없는 전쟁에 피로를 느낀 탓인지,
286년 백제와 신라 양국은 휴전하기로 결정하고 전쟁을 중단
했다.

서로 너무 오랜 시간 동안 '주적 관계'였던 탓으로 어쩌면 일
시적일 것만 같았던 백제와 신라의 휴전 상태는, 북방의 고구
려가 세력을 키우고 남하하기 시작하자 지난날의 험악했던 관
계를 뒤로하고 그대로 유지되었다. 그런데 점차 고구려 세력이
확대되어 한사군을 축출하고 백제와 국경을 맞대게 되자, 고구

려의 남방 진출을 의식한 백제로서는 신라와의 단순한 휴전 상태를 넘어 군사적 협력 관계로까지 발전시켜야 할 필요성을 느끼게 되었다.

물론 그렇다고 해서 백제가 신라와의 관계 개선을 위해 당장 발 벗고 나선 것은 아니었다. 고구려가 백제의 코앞까지 들이 닥치긴 했지만, 고구려는 북방의 선비족이 세운 국가인 전연(前燕)과의 항쟁으로 인해 한동안 남쪽 전선을 신경 쓸 수 없었던 까닭 때문이다.

그러다가 근초고왕 대에 들어서면서부터 백제는 본격적으로 신라와의 관계 개선을 위한 적극적인 행보에 나서기 시작했다. 이는 아마도 근초고왕이 고구려와의 전쟁이 임박하였음을 직감하고 있었기 때문일 것이다. 백제는 신라와 관계를 공고히 하여, 전연과의 항쟁을 수습하고 눈길을 남쪽으로 돌린 고구려에 대항하는 공동 전선을 구축해야 할 필요성이 있었다.

근초고왕은 366년 신라에 사신을 파견한 데 이어, 2년 후인 368년에도 또 한 차례 사신을 보내 좋은 말 두 필을 선물로 주는 등 신라와의 관계를 강화하기 위한 적극적인 행보를 이어갔다. 《삼국사기》신라본기에서 백제는 신라에 좋은 말 두 필을 '바쳤다(進)'고 기록될 정도로, 백제는 신라에게 저자세를 취하면서까지 신라를 극진히 예우해 줬다. 이와 같이 대신라 외교

에 공을 들인 결과, 백제와 신라는 '형제'와 같은 사이로 발전하기에 이르렀다.[*]

백제가 신라와의 우호 관계 유지에 대단히 민감했다는 사실은 373년에 일어난 '독산성주(禿山城主)의 신라 도피 사건'에서 뚜렷이 드러난다. 그해에 백제 독산성의 성주가 백성 300명과 함께 신라에 항복한 일이 있었다.

신라는 백제와 사실상 동맹을 맺은 상태였기 때문에, 신라가 양국의 우호관계 유지와 근초고왕의 체면을 고려한다면, 독산성주와 그를 따른 300명의 백제인을 원래대로 돌려보내는 것이 당연한 일이었다. 그러나 당시 신라의 국왕이었던 내물왕은 생각이 달랐다. 그는 이들을 백제로 돌려보내지 않고 자국의 백성으로 받아들여 신라 각지에 나눠 살게 하는 배짱을 보였다. 근초고왕은 이에 즉각 반발하여, 내물왕에게 서신을 보내 그들을 당장 돌려보내 줄 것을 요청하였다. 그러나 내물왕은 이러한 근초고왕의 요구에 다음과 같이 응답하였다.

---

[*]   '형제'라는 표현은 근초고왕이 직접 사용한 표현이다. 근초고왕은 내물왕에게 보낸 서신에서 당시 백제와 신라는 화친을 맺어 '형제'가 되기로 약속한 바 있음을 강조하였다.

"백성이란 것은 항상 같은 마음이 아니오. 그러므로 생각해 주면 오고 귀찮게 여기면 가는 것이 그들의 굳은 소신이오. 대왕은 자기 백성의 불안을 걱정하지 않고서 과인만 어찌 그리 심히 책망하오?" 하였다. 백제왕은 그 말을 듣고 다시 말을 하지 않았다.

근초고왕의 요구는 이처럼 내물왕으로부터 매몰차게 거절당했다. 백제의 전성기를 이끌었던 근초고왕의 체면이 한순간에 완전히 구겨져버린 것이다. 그가 얼마나 자존심 상해했을는지는 쉽게 짐작되고도 남는다. 백제로서는 과거 신라와 앙숙인 시절 같았으면, 당장 자리를 박차고 일어나 군대를 출격시켜 신라를 쑥대밭으로 만들어 버린다 해도 분이 풀리지 않을 최악의 대접을 받은 셈이다. 하지만 근초고왕은 과연 비범한 군주답게 냉정을 잃지 않았다. 순간의 치욕보다는 신라와의 끈끈한 관계가 더욱 중요하다는 것을 잘 아는 그로선 그저 아무 말 없이 꾹꾹 참아 낼 뿐이었다.

그런데 그렇게도 애지중지하며 관계 개선에 많은 공을 들였던 보람도 없이, 허무하게도 신라는 고구려 편에 서게 된 것이다.

최후의 조력자 왜(倭)

　믿었던 신라가 백제와 갈라지고 고구려 진영에 합류한 상황에서, 백제가 의지할 만한 세력은 이제 또 누가 있을까. 물론 369년 목라근자 등의 정벌 이래 백제의 영향력 아래 있었던 가야가 있긴 하지만, 가야는 그 국력을 고려했을 때 신라만이라도 제대로 견제해 준다면 그것만으로도 감지덕지해야 할 존재였다.

　결국 백제는 신라를 대체할 새로운 협력자를 구하지 않는 한 향후 고구려와 재차 충돌 시 또다시 1대1 구도로 힘들게 싸울 수밖에 없었다. 만일 가야가 신라를 제대로 견제해 주지 못한다면, 고구려는 물론 신라까지 막아내어야 하기 때문에 전황은 더욱더 불리해진다. 어찌됐든 백제로선 매우 어려운 상황이었던 건 변함없는 사실이다.

　그러므로 백제는 최종적으로 왜와의 연합을 피할 수 없었다. 누군가의 조력 없이 홀로 고구려를 감당한다는 것은 계란으로 바위치기였다. 신라와의 연합이 좌절된 상태에서 왜군만이라도 전쟁에 보탬이 될 수 있다면, 강력한 고구려에 대항하는 데 상당한 도움이 되리라는 것은 더 이상 말할 나위가 없다.

　물론 이러한 날이 오리라고 오래전부터 예상했던 백제는 근초고왕 때 이래 왜로부터 병력을 원활히 지원받을 수 있는 준비를 차츰 진행해오고 있었다. 그러나 한편으로는, 왜군을 자국 내 전쟁에 동원하는 일에 주저하고 있었던 것도 사실이다. 앞에서도 언급했듯이, 백제 영토 내에서 벌어지는 고구려와의 전쟁에 섣불리 왜군을 끌어들이는 것은 자살행위와 다를 바 없다고 보았기 때문이다. 따라서 먼저 그들을 온전히 신뢰하고 의지할 수 있는 존재로 만드는 것이 급선무였다.

왜를 완벽한 조력자로 만들기 위해 백제가 선택한 방법은 양측 간 기존의 '용병 관계'를 전면 재수정하는 것이었다. 백제에 있어 그들은 더 이상 단순히 용병이어서는 안 된다. 그저 가까운 협력자에 그쳐서도 안 된다. 백제의 흥망이 왜에 절대적인 영향을 주게 되는 불가분의 관계로까지 발전하여야 한다. 즉 **백제와 왜는 하나의 국가로 여겨도 좋을 수준의 '공동운명체'가 되어야 했다.**

고구려에 굴욕적인 패배를 당하면서까지 왜군의 동원을 끝내 포기할 수밖에 없었던 아신왕은 비록 그것이 현실적 판단에 의한 합리적 결정이었을지언정 그 안타까움은 이루 말로다 표현 못 했을 것이다. 이러한 뼈저린 아쉬움이 아신왕으로 하여금 마침내 왜군을 자국 내 전쟁에 끌어들이도록 하기 위한, 특단의 조치를 취하는 데 이르게 한 것이다.

왜(倭)를 직접 관리하다 |

특단의 조치란 다름 아닌 왜를 직접 관리하는 것을 말한다. 즉 왜에 관료를 파견하여 백제의 일원으로 정식 편입시킨 것이다. 칠지도에서 언급되는 '후왕'이 바로 이러한 중앙에서 파견된 관료이다.

관료의 역할은 단순히 왜를 통제하고 모병하는 데에 국한되지 않는다. 이 지역을 적극적으로 '백제화'시키는 것이 주된 목표이다. 즉 왜인들을 백제인으로 재탄생시키는 일이다.

그런데 이를 현대적 시각에서 바라본다면, 일종의 식민지 개척으로 비춰질지도 모르겠다. 그러나 그것과는 많은 차이가 있다. 우리가 흔히 생각하는 식민지는 근대 제국주의적 식민지이다. 제국주의는 잘 알려지다시피 침략적, 약탈적, 착취적 성격이 특징인 대외 정책이다. 그러니까 강대국이 근대화가 더딘 후진 지역을 무력 침공하여 정치체계를 붕괴시키고, 최종적으로 주권을 강탈하여 식민지화하는 것이 목표인 정책인 것이다. 따라서 식민지 내 주민들은 사회적 차별을 당하는 것은 물론, 식민 본국의 상품시장이자 원료와 인력의 공급지가 되어 경제적으로도 철저한 착취를 당하기 마련이다. 이러한 성격을 지니는 제국주의적 식민지는 필연적으로 본국인과 식민지인을 계급적 우열관계로 나누어버림으로써, 상호 수직적이고 배타적인 관계로 만들어버린다. 이러한 관계는 결국 종주국과 식민지 간의 끊임없는 분쟁을 야기하는 갈등의 씨앗이 될 뿐이다.

반면에 백제의 왜 통치는 처음부터 양측 간 일치된 이해관계에 의해 평화적으로 성립된 관계라고 볼 수 있다. 백제는 충성도 높은 병력의 안정적 고용을 원했고, 왜 역시 선진 문화와 우수한 교역품의 원활한 공급을 원했다. 서로의 일치된 이해관계를 바탕으로 지속된 협력관계는 한층 더 발전하여, 거의 하나의 국가나 다름없는 관계로 성숙하기에 이르렀다. 그리고 후왕 파견을 정점으로 한 '하나의 국가화'가 이룩된 것이다.

따라서 제국주의적 식민지 관계와 같은 상호 배타적이고 야만적, 착취적인 관계가 아닌, 상호 포용적이고 발전적인 관계인 것이다. 백제와 왜의 관계가 제국주의적 식민지 형태였다면, 백제가 왜를 관리하는 데 있어 끊임없는 진통을 겪었을 것이다. 또한 왜인을 자국의 전쟁에 동원시키기도 매우 어려웠을 것이고, 설령 동원한다 하더라도 그들로부터 신뢰할 수 있을 만큼의 충성심을 얻어내기란 지독히 힘들었을 것이다. 물론 제국주의적 식민지로 삼기 위한 목적이었다면, 애초부터 백제가 왜에 진출하는 일 자체가 거의 불가능한 일이긴 했을 테지만 말이다.

그러므로 이처럼 고도로 긴밀한 관계는 하루아침에 이루어졌다고는 볼 수 없고, 근초고왕이 왜와 처음으로 교류하기 시작했던 때부터 이미 기획되었다고 봐야 한다. 최소 수십 년에 걸친 교류와 협력이 바탕이 되지 않고서는 이 같은 관계가 성립될 수 없다.

근초고왕 이래 점진적으로 실행되었던 '왜의 백제화'가 아신왕 대에 이르러, 후왕 파견에 의한 왜의 직접 관리라는 혁신적인 전환점을 맞이하게 된 것이다. 아신왕이 후왕을 왜에 파견하였다는 사실은 사서를 통해서도 찾아볼 수 있다. 물론 "왜에 후왕을 파견하였다"라는 직접적 표현은 아니지만, 이를 명확하게 시사하는 대목이 《삼국사기》에 존재한다. 이와 관련한 내용은 차후에 자세히 다루도록 하겠다.

후왕을 파견한 백제는 이후 왜의 백제화에 더욱 박차를 가한다. 아신왕은 403년에 진모진(眞毛津)*, 404년에 아직기(阿直岐), 그리고 405년에 왕인(王仁)을 잇달아 파견함으로써 백제의 문물을 왜에 이전보다 훨씬 더 적극적으로 전파하기 시작한 것이다.

백제가 왜에 후왕을 두어 직속 관리한 것을 계기로 왜는 '병력 수급지'라는 과도기적인 단계를 지나 '또 하나의 백제'로서

---

* 왜에 봉제기술을 전한 것으로 알려져 있다.

기능하게 되었다. 왜는 백제 본국이 멸망하는 그 순간까지 수
차례에 걸쳐 본국에 군사적 지원을 아끼지 않았음은 물론, 심
지어 백제가 공식적으로 멸망한 이후에도 대규모 부흥군을 파
견하고 많은 물자를 지원해 주는 등 백제가 재기할 수 있도록
할 수 있는 모든 노력을 쏟아부어 줌으로써, 본국과의 인연을
마지막까지 저버리지 않았다. 결과적으로 왜의 백제화 전략은
매우 성공적이었던 셈이다.

왕인은 언제 파견되었나

그런데 일본의 또 다른 고대 사서인 《고사기》에는 왕인이 근초고왕 때 왜로 건너간 것으로 전해지고 있다. 《고사기》에서 왕인은 논어와 천자문을 가지고 가서 왜에 문자와 유학을 전한 것으로 기록되어 있으며, 왕인이 건너갈 당시 백제는 다른 여러 장인들을 함께 보내 왜에 제련술, 직조술, 양조법 등의 문물도 같이 전했다고 한다.

학계에서는 대체적으로 왕인이 405년 아신왕 시대에 왜로 건너간 것으로 보고 있지만, 만에 하나 《고사기》의 기록대로 근초고왕 시대에 건너간 것이라면, 백제는 최초의 왜 진출 시점부터 이미 적극적으로 왜의 백제화 작업에 착수했던 것으로 보아야 할 것이다.

왜에 담로를 설치하다 |

그렇다면 백제는 어떠한 방식으로 왜를 관리한 것일까. 이를 살펴보기에 앞서 백제의 지방 통치방식에 대하여 먼저 알아둘 필요가 있다. 중국 양나라의 역사를 서술한 《양서(梁書)》에 따르면, 그 당시 백제는 지방에 중국의 군현과 비슷한 기관인 '담로(擔魯)'를 두어 통치하였다고 한다. 이것이 바로 백제의 지방 통치 제도로 흔히 알려져 있는 이른바 '담로제(擔魯制)'이다. 담로에는 왕자나 왕족들이 파견되어 그들로 하여금 다스리도록 하였다고 전해진다.

담로가 언제 처음 발생하였는지는 확실히 알려진 바는 없다. 하지만 《양서》에 기록되어 있는 것으로 보아, 최소한 양나라가 존재했던 시기(502~557년) 또는 그 이전에 성립되었다는 사실을 알 수 있다.

22곳이나 되는 담로가 하루아침에 모두 만들어지기는 어렵다. 아마도 백제의 세력 범위가 확대됨에 따라 담로의 숫자도 차츰 증가했을 것이다. 그러므로 담로는 양나라가 존재했던 시기보다 훨씬 오래전부터 설치되기 시작했을 것임을 어렵지 않게 예상할 수 있다.

정복 사업이 활발했던 근초고왕 시대에는 정복한 영지들을
효과적으로 관리할 수 있는 방법이 필요했을 것이다. 이 점을
고려한다면, 담로는 근초고왕이 건재했던 4세기 중후반에 최
초로 성립하였을 가능성이 크다. 따라서 아신왕 시대인 4세기
후반에도 백제의 지방 통치 제도로서 담로제가 당연히 시행되
었을 것이다. 결국 아신왕은 왜를 '백제의 일원'으로서 효과적
으로 관리하기 위해 그곳에 담로를 설치하였던 것이다.

 이러한 생각은 백제왕세자를 왜왕으로 삼았다는 칠지도의
기록과 담로에 왕자 또는 왕족을 파견하여 다스렸다는 《양서》
의 기록이 일맥상통한다는 점에서 근거를 더해 준다. 백제왕세
자를 왜 담로의 수장인 '왜왕'으로 삼았다는 사실은, 담로에 왕
자나 왕족을 파견하여 다스렸다는 《양서》의 기록이 사실과 일
치함을 보여 주는 실제적 사례인 것이다.

백제가 관리했던 왜 지역에 대하여

왜(倭)에 있었던 백제의 '관리 지역'은 현재의 일본 열도 전역을 말하는 것은 아니다. 여러 가지 한계점으로 인하여 백제는 열도의 일부 지역에만 영향력을 행사하였다. 특히 왜의 직접 관리 초기에는 매우 제한적인 지역만이 백제 영향권에 있었을 것이다.

왜는 흔히 단일 국가였다고 생각되곤 하지만, 사실 왜는 '삼한'과 같이 일본 열도에 존재하였던 수많은 국가들을 망라하는 개념이다. 《삼국지》 위서 동이전은 1세기경의 왜에는 백여 개의 나라가 존재했다고 전하고 있다. 그냥 상식적으로 생각해 봐도, 일본 열도는 한반도보다도 통일 국가를 이루기 어려운 지형이다. 그곳이 수많은 크고 작은 섬들로 이루어져 있고, 국토의 대부분이 산악지대로 되어 있다는 점을 상기해 보자. 한반도 남부 지역만 해도 백제와 신라뿐 아니라 가야의 소국 등 많은 나라가 존재했을진대, 하물며 한반도보다 더욱 넓은 면적에 수많은 섬과 산악 지형으로 이루어진 일본열도는 필연적으로 지역 간 단절이 극심했기 때문에 그곳에도 한반도 못지않은 수많은 나라가 존재할 수밖에 없었다.

강력한 통일국가가 아닌 군소 국가들이 산재해 있는 상황이었던 당시 일본 열도는 읍락수준의 초미니 국가들도 다수 존재하였을 것이라고 여겨진다. 한반도로부터 건너온 '도래인(渡來人)'들이 이들 국가 건설에 상당한 기여를 한 것으로 보인다. 수많은 사람들이 무리지어 건너 온 데다 문명의 발전에 필요한 철기라든가 문자 등 선진 문물들도 가져왔기 때문이다.

도래인들은 왜의 토착민 사회에 융화한 경우도 있겠지만, 대개는 문화 차이로 인해 자체적인 공동체를 이루는 경우가 더욱 많았을 것으로 추측된다. 이러한 공동체들은 점차 크고 작은 읍락이나 소국으로 발전하였을 것이다.

백제의 왜 진출 초기에 주목하였던 곳은 바로 이 한반도계 도래인들이 밀집한 곳이었을 것이다. 그것도 비교적 최근에 이주한 이들이 주요 표적이었을 가능성이 크다. 이들은 왜로 건너간 지 얼마 안 되기 때문에 한반도적 문화습성이 많이 남아 있어 백제화를 시키는 데 더욱 수월한 데다, 역시 짧은 이주 역사로 인해 정치체계가 성숙하지 못하여 대개는 읍락 수준이나 초미니 국가 정도 수준에 머물러 있었기 때문에 이들을 포섭하기에도 쉬웠기 때문이다. 만일 상당한 규모의 국가를 대상으로 포섭하려 한다면 군사적 충돌이 일어날 수 있는데, 앞서도 언급했듯이 그러한 행동은 불필요한 국력 소모와 현지인의 반감만 불러일으키는 어리석은 행동일 뿐이다.

백제가 진출할 당시에도 물론 왜는 분열 상태였지만, 이전보다는 어느 정도 '교통정리'가 된 상황이었다. 3세기 초반에 야마타이국을 중심으로 왜의 여러 나라가 공동으로 비미호를 여왕으로 옹립한 이후 왜가 어느 정도 통합을 이룬 것이다. 대략 야마타이국을 맹주로 30여 개 국가가 연합한 것으로 보인다. 이전보다 왜 지역에 강력한 정치세력이 발생한 것이다.

그렇지만 '야마타이 연합'은 왜 전역을 통합한 것은 아니었다. 여전히 구노국 등 여러 나라들이 독립적으로 존재했고, 더구나 야마타이 연합은 그에 속한 각각의 나라들조차 별개의 관료체제가 존재하는 등 연합 내 개별적 독립성은 유지되고 있었다.

사정이 이렇다 보니 통일 국가 수준의 강력한 통치권은 발휘하기 어려웠던 것이다. 이렇듯 야마타이 연합은 기존에 왜에 존재하였던 어떤 정치 세력들보다 넓고 강한 영향력을 과시했지만, 한계점도 분명히 있었다.

이러한 이유로 백제는 야마타이 연합의 존재에도 불구하고 왜에 진출하여 일부지역이나마 영향력을 행사할 여지가 충분했던 것이다. 백제는 야마타이 연합의 세력권을 피해 비교적 최근에 일본열도로 건너간 한반도계 주민들이 밀집한 지역을 지정하여 이를 왜 진출의 발판으로 삼았던 것으로 보인다. 기존 왜의 유력 세력들은 주로 가야와 교류를 하는 데 반해, 이들은 기존 세력에 대항하여 백제와 파트너십을 맺었던 것이다.

따라서 이 책에서 수시로 언급하고 있는 '왜(倭)'는 일본 열도 전역에 걸친 넓은 의미의 왜를 말하는 것이 아니라, 백제의 영향력이 미쳤던 일본 열도의 일부 지역만을 지칭하는 것임을 일러두고자 한다.

프린스 오브 웨일스 |

그런데 한 가지 짚고 넘어가야 할 점은, 다른 왕자나 왕족들도 여럿 있었을 터인데, 왜 하필 최고의 왕족이자 차기 백제의 왕이 될 왕세자를 그처럼 머나먼 왜 담로의 수장으로 임명하였을까 하는 점이다. 좀처럼 이해가 되지 않을 법도 하지만, 그만큼 왜가 백제에 있어 얼마나 중요한 지역인지를 단적으로 드러내는 장면이라고 할 수 있다. 또한 빠른 시일 내에 왜를 확실히 백제화시키려는 의지의 표현이기도 하다.

이러한 사실은 왜 담로의 주민들에게도 적잖은 파급 효과를 불러일으켰으리라고 생각된다. 자신들의 수장으로서 현 백제의 서열상 제2인자이자, 향후 백제국 전체의 군주가 될 인물이 세워진다는 것은 그만큼 자신들의 지역이 '특별한 대우'를 받고 있다는 모습으로 비춰질 수 있기 때문이다.

이처럼 백제왕세자가 왜왕을 겸했다는 사실은, 흡사 '프린스 오브 웨일스(Prince of Wales)'를 연상케 한다. '프린스 오브 웨일스'란 영국의 왕세자를 뜻하는 용어로서, 직역하면 '웨일스의 군주' 또는 '웨일스 공'이라고 할 수 있다.'

---

* 참고로 프린스(Prince)는 흔히 왕자라는 의미로 해석하지만 '군주', '왕', '공작'이라는 뜻도 가지고 있는데, 이는 공국(公國, Principality)의 군주를 표현할 때 쓰는

영국 왕세자가 '프린스 오브 웨일스'로 불리게 된 동기는 13
세기 말 잉글랜드의 왕이었던 에드워드 1세(Edward I)가 웨일스
공국을 정복하면서, 자국의 왕세자를 웨일스의 군주로 세운
일에서 비롯된다. 이 사건 이후 잉글랜드의 왕세자는 말 그대
로 왕세자이면서도 웨일스의 군주까지 겸하는 일이 관례로 자
리 잡게 되었는데, 이 같은 사실은 왜왕을 겸했던 백제왕세자
의 경우와 매우 비슷하다고 볼 수 있다. 더욱이 외부 지역을
자국의 영역으로 편입하는 과정에서 생겨난 현상이라는 점에
서 더욱 그러하다.

현재 영국의 '프린스 오브 웨일스'인 찰스(Charles) 왕세자
- 구글

용어이다. 당시 웨일스는 공국이었기 때문에 웨일스 군주의 호칭이 킹(King)이
아닌, 프린스(Prince)였던 것이다.

결국 왕세자를 특정 지역의 후왕으로 삼게 된 일은 흔한 사례는 아닐지라도, 세계사적 시각에서 보았을 때 백제만의 독특한 사례 역시 아니며 따라서 충분히 일어날 수 있는 사건임을 알 수 있다.

백제가 파견한 최초의 왜왕, 전지(腆支)

사서의 기록으로 추측해 보건대, 아신왕은 자신의 왕세자인 전지(腆支)를 왜로 파견하여 최초의 왜왕으로 삼은 것으로 보인다. 이와 관련하여 《삼국사기》는 다음과 같이 기록하고 있다.

> 아신왕 6년(397년) 여름 5월, 왕은 왜국과 화친을 맺고 태자 전지를 볼모로 보냈다.

위의 내용은 《삼국사기》에 나와 있는 백제와 왜의 교류에 대한 최초의 기록이다. 물론 이때 백제가 처음으로 왜와 접촉한 것은 아니다. 《일본서기》에 나와 있듯, 백제는 그보다 수십 년 전인 근초고왕 시절에 이미 왜와 교류를 시작하였다. 그렇다면 무슨 이유로 《삼국사기》 근초고왕조에는 이와 같은 기록이 없을까?

《삼국사기》 근초고왕조는 많은 내용이 누락되어 있다. 특히 그의 치세 초·중기 기사는 한 줄의 기록도 없이 완전히 누락되어 있다. 좀 더 구체적으로 말하면, 근초고왕조는 그의 즉위 후 2년(347년)차 기록에서 바로 21년(366년)차 기록으로 건너뜀으로써 약 20여 년간의 기록의 공백이 발생한다. 근초고왕이 백제의 전성기를 이끈 위대한 왕이라는 점에서 생각해 봤을 때 이는 매우 안타까운 일이다. 그의 능력을 생각한다면 《삼국사기》에서 공백으로 남게 된 그 '수수께끼의 20년' 동안 근초고왕이 얼마나 많은 업적들과 에피소드를 남겼을지 알 수 없기 때문이다. 이 기간 동안 일어났던 일들에 대한 기록이 고스란히 남아 있었다면, 당연히 근초고왕의 왜 진출에 관한 내용도 찾아 볼 수 있었을 것이다.

어쨌든 근초고왕조의 부실함으로 인해 본의 아니게도 《삼국사기》에서의 백제와 왜 관계에 대한 공식적 기록은, 아신왕 시대인 397년의 기록이 최초가 되었다. 하지만 이 때 처음으로 백제가 왜에 왕세자를 후왕으로 파견함으로써 왜가 백제의 세력권 안에 공식적으로 합류되었다는 점에서 본다면, 이 같은 일은 단순한 우연이 아닐지도 모른다.

왜 담로와 '한인의 연못'

《일본서기》응신천황조에는 서기 396년에 고구려인, 백제인, 신라인, 임나인 등 여러 '한인(韓人)'을 동원하여 이른바 '한인지(韓人池)' 즉 '한인의 연못'을 만들었다는 기록이 있다. 학계에서는 대체로 이 '한인의 연못'을 저수 시설로 파악한다. 그래서 이 기록을 두고 일본에 축제술(築堤術), 즉 제방 쌓는 기술을 전파하였던 일에 대한 증거로 보기도 한다. 어느 정도 개연성 있는 시각으로 생각된다. 하지만 필자는 이를 다른 시각에서 논해 보고자 한다.

사실 이 '한인의 연못' 일화의 원형은 따로 있다. 그것은 《고사기》에 기록되어 있는데, 신라인이 왜로 건너와 이들을 통해 '백제지'라는 연못을 만들었다는 기록이 바로 그것이다. 그런데 이 기록에는 한 가지 어색한 점이 있다. 신라인들이 만든 연못임에도 그 이름이 '백제지', 즉 '백제의 연못'으로 정해졌다는 것이다. 이러한 모순점이 고려된 덕분인지, 《일본서기》에는 이 일화를 좀 더 그럴듯한 내용으로 '정정(?)'되어 있다. 신라인뿐 아니라 고구려인, 백제인, 임나인까지 두루 동원된 것으로 서술되어 있고, 연못의 이름까지 이들을 모두 포괄하는 이름인 '한인지'로 바뀌어 있는 것이다.

보통은 《일본서기》 쪽 기록이 《고사기》 쪽보다 신빙성이 높다고 여겨지곤 한다. 비슷한 내용을 다루더라도, 투박하고 세세하지 못한 《고사기》 쪽의 기록보다 《일본서기》의 기록이 상대적으로 더 잘 정리되고 자세한 경우가 많기 때문이다.

하지만 이 일화에서만큼은 조금 예외일 듯싶다. 일단 '백제지'라는 이름은 '한인지'보다 더욱 한정적 의미를 담은 이름이기 때문에 실제 그 연못의 이름이었을 가능성이 높은 데다, 당시 한반도에 존재했던 모든 국가의 출신들이 빠짐없이 연못 축조에 동원되었다는 《일본서기》의 기록은 뭔가 억지스럽게 느껴지기 때문이다. 더구나 《일본서기》에서는 이 한인들이 내조(來朝)를 하기 위해 왜에 건너온 것이라는 《일본서기》 특유의 윤색된 서술 형식이 가미된 것이기에, 더욱더 《일본서기》보다는 《고사기》 쪽 기록이 신뢰성이 높다고 여겨진다.

그러나 문제는 조금 전에도 언급했듯이 신라인들에 의해 축조되었다는 연못의 이름이 '신라지'가 아닌 '백제지'라는 점이다. 이 문제를 해결하기 위해 이쯤에서 필자의 추측이 들어가야 할 것 같다.

우선, 《고사기》에서의 백제지를 만든 그 '신라인'이라는 존재는 사실 삼한 시대로부터 한반도에서 건너온 도래인들을 가리키는 개념으로 보아야 할 것이다. 《일본서기》에서 연못을 축조한 사람들의 국적이 신라뿐만이 아닌, 백제와 고구려 등으로 확장된 것은 이같이 한반도 각지의 주민들이 왜로 도래하였다는 역사적 사실이 반영된 결과가 아닐까. 그러니까 '백제지'를 건설했던 '신라인'으로 표현된 무리들은 말 그대로 신라의 백성에 국한되는 것이 아니라, 조상이 신라 등의 한반도 국가에서 살았던 바 있는 한반도 계 왜(倭) 주민이었다는 것이다.

그런데 여기까지는 기존 견해와 크게 다르지 않다. 필자는 여기서 전혀 새로운 생각을 하나 덧붙일까 한다. 필자는 연못을 뜻하는 글자 '지(池)'가 사실은 '땅'이나 '영토' 등을 뜻하는 글자인 '지(地)'에서 고의로 수정된 것이 아닐까 추측한다. 그러니까 원래의 기록은 '百濟池'가 아닌 '百濟地'였다는 말이다. '池'와 '地'는 음은 같으면서 형태도 매우 비슷하여 슬쩍 고쳐 넣기 쉬운데, '백제의 연못(또는 '한인의 연못')'을 축조했다는 일화는 내용 구성상 어색한 점이 많기 때문이다. 이 연못을 만들게 된 연유는 무엇인지, 만들어서 어디에 쓰였는지에 대해 전혀 제시되지 않았으며, 이후의 기록에서 연못에 대한 추가적인 언급도 없다.

사실 이 기록은 그 다음 기사인 백제인이 '내조'했다는 기록과 문맥상 흐름을 같이 한다. '백제인의 내조'란 397년 전지가 왜에 파견되었던 사건을 가리키는 윤색된 표현이다. 이처럼 백제지가 조성된 사건과 그 다음에 전지가 왜에 파견된 사건이 기록상 서로 이어져 있다는 사실은 자못 의미심장하다.

정황적으로, 전지가 왜왕으로 취임하기 직전에 '백제지(百濟地; 백제의 영역)'로 표현된 왜 담로의 기초 형태를 미리 구축하였던 것으로 생각할 수 있기 때문이다. 시간적으로도 백제지가 구축된 396년과 전지가 왜에 파견된 397년은 1년의 차이에 불과해서 이 같은 사건 흐름은 더욱 자연스럽다.

결국 정리하면, 《고사기》라든지 《일본서기》에서의 한반도 출신의 주민을 동원하여 '백제의 연못(한인의 연못)'을 만들었다는 일화는 백제가 전지를 왜왕으로 파견하여 왜 담로를 정식으로 출범시키기 전 예비단계로서, 왜에 한반도계 왜인들을 끌어 모아 '백제지(百濟地)'라는 왜 담로의 초기 형태를 먼저 구축한 사실을 반영한 기록으로 보인다. 다만, 《고사기》와 《일본서기》 편찬자는 이 같은 사실을 은폐하고자 글자를 살짝 고치는 방법으로 기록을 조작했던 것이 아닐까 하는 것이 필자의 생각이다.

전지는 볼모였다? |

그런데 이상한 것은 《삼국사기》에는 전지가 '후왕'이 아닌 '볼모', 즉 '인질'로서 왜에 보내졌다고 기록되어 있는 점이다. 그러니까 백제가 왜와 국교를 맺는 과정에서 이를 보증하는 일종의 '담보'로서 왕세자인 전지를 왜로 보냈다는 것이다. 만일 전지가 《삼국사기》에서의 내용처럼 볼모로서 왜로 보내진 것이 맞는다면, 백제와 왜의 관계는 역전되어 버린다. 즉 백제가 왜에 비해 상대적으로 우월한 입장이 아닌, 오히려 왜가 우월한 입장에 서게 된다는 것이다.

국내 학계에서는 이 같은 《삼국사기》의 내용에 적잖이 불편해하면서 다소 쉬쉬하는 듯한 분위기이지만, 한편으로는 엄연히 정사(正史)에 기록되어 있는 내용인 만큼 대체적으로 이를 사서에 써진 내용 그대로 인정하는 복합적인 입장을 보이고 있다.

다만 이 같은 '볼모'라는 표현에 큰 의미는 두지 않고, 고구려의 공격 등으로 외부 지원이 절실했던 백제가 왜의 지원을 얻기 위해 왜와 국교를 맺는 과정에서 행했던 '불가피한 선택' 내지는 '과장된 우호의 손길' 등으로 보는 시각이 있다.

언뜻 보면 그럴듯한 논리인 것 같다. 고구려의 파상적 공세로 인해 국가적인 대위기 상황을 겪었던 것이 불과 1년 전의 일이다. 혹시라도 있을지 모를 추가적인 공격에 대비하는 한편, 굴욕적인 패배를 안긴 고구려에 설욕하기 위해서라도 왜와 손잡지 않을 수 없었다. 이 과정에서 그 정도의 '성의'는 보여야 한다고 생각할 수도 있다. 절실한 쪽은 백제이다. 어느 정도 불리한 조건은 감내해야 하는 것이 어찌 보면 수긍할 수 있는 일일는지도 모른다.

*

하지만 이는 온당치 않다. 단지 국교를 위한 선행 조건이 매우 심각하리만치 지나치기 때문이다. 왕세자는 국가적으로 국왕 다음으로 중요한 존재이다. 다른 나라에 함부로 인질로 보낼 만큼 가벼운 존재가 결코 아니다. 백제는 고구려에 참패를 당해 인질을 내주어야 할 때조차 왕의 친동생과 많은 대신들, 그리고 백성들을 1천여 명씩이나 내줬을지언정 왕세자를 내주지는 않았다.

당시 백제는 항복을 하긴 했지만, 어쨌든 다행히 나라가 멸망당하는 일은 피하게 되었다. 광개토왕이 백제를 완전히 멸하려고 했다면 이정도로 그치지는 않았을 것이다. 아마도 바로 그 자리에서 아신왕과 전지왕세자를 죽이고 도성을 파괴하고,

곧이어 백제 전역을 장악해버렸을 것이다. 그렇지만 광개토왕은 그렇게 하지 않았다. 아신왕에게 신하의 맹약을 받아내고 많은 인질들을 끌고 가는 선에서 만족하고 물러가 버렸다. 백제로서는 이것으로 고구려에 대한 위협이 일단 종결된 것이다. 백제가 먼저 무모하게 고구려를 건들지 않는 이상, 고구려와의 전쟁은 한동안 피할 수 있었다.

그럼에도 자국의 왕세자를 인질로 보내는 상당한 굴욕을 감내해 가면서까지 왜를 끌어들일 필요가 있을까. 물론 아신왕이 고구려에 대한 복수심을 열렬히 불태웠던 것은 사실이다. 비록 패배로 점철되었지만 제위 기간 내내 고구려와 혈전을 치렀고, 광개토왕에게 항복한 후에도 재차 고구려를 치기 위한 노력은 포기하지 않았다. 그래서 어떻게 생각해 보면 아신왕이 왕세자를 인질로 보내는 무리수를 두어서라도, 왜로부터 병력을 지원받아 고구려와 다시 맞붙으려 했을 수도 있다는 것은 전혀 허튼 추측만은 아닐지 모른다.

그러나 왕세자를 볼모로 왜와의 군사협력을 얻어낸다는 발상은 자존심 강한 아신왕에게 있어 고구려에 당한 굴욕보다 더 큰 굴욕을 자청하는 일이다. 게다가 기록에서는 왕세자가 볼모가 된 이유가 왜와의 우호 관계를 맺기 위함이라고 되어 있지, 병력을 지원받기 위함이라고 되어 있지는 않다. 즉 왜의 군사적 지원을 얻기 위해서는 별도의 굴욕적인 조건이 또 다시 있을 수도 있다는 이야기다.

설령 별도의 조건 없이 그들에게서 군사적 지원을 받아 고구려에 맞서게 된다 하더라도, 고구려의 군사력을 확실히 극복해 낼 수 있다는 보장이 없다. 당시 왜의 군사력을 평가하면 그렇게까지 강력하다고 말하기는 어려웠기 때문이다. 왜와의 협력 관계를 강화하기 위해 왕세자의 인질 파견이라는 매우 불평등한 조건이 걸려 있다 하더라도, 그 정도 파격적인 조건의 '투자'에 걸맞은 '성과'를 얻어낼 수만 있다면 충분히 베팅해 볼 만하다. 그러나 당시 고구려의 군사력과 기세를 생각해 본다면 성공할 가능성은 매우 희박했다.

왕세자를 인질로 내줘야 하는 그 정도로 까다로운 선행 조건을 받아들이려면 협력 상대가, 요즘 시대로 따지면 미국 정도의 국력과 군사력을 지닌 국가여야 하지 않을까. 하지만 당시 왜의 역량은 당연히 그에 훨씬 못 미쳤다.

그리고 아신왕이 왕세자를 인질로 보내야 할 정도로 절박한 상황이라면, 타이밍이 훨씬 더 빨라야 했다. 고구려와의 전쟁이 종결된 상황에서 보낼 것이 아니라, 한창 진행 중인 상황에서 보내야 하는 것이 당연하다. 당시 백제는 전쟁 내내 극심한 병력 부족에 시달리고 있었다. 아신왕의 즉위 당시, 고구려와의 전쟁에 동원 가능한 병력은 1만여 명에 불과했다. 이는 앞서도 말했듯이 전성기 시절의 삼분의 일 수준에 지나지 않는다. 왜를 끌어들일 생각이 있었다면 이토록 불리한 상황에서 수단과 방법을 가리지 말고, 무슨 수를 써서라도 그들을 끌어들여 힘을 보태야 했을 것이다.

설상가상으로 백제는, 그 소중한 1만 명의 병력으로 두 번 싸워 모두 패배하여 적잖은 병력을 잃은 데 이어, 결정적으로 세 번째 대전인 395년 2월 전투에서 무려 8천 명이나 잃는 사실상 전멸과 다름없는 크나큰 타격을 입고 말았다. 이 정도로 절망적인 상황에서 왕세자를 왜에 볼모로 보낸 것이라면, 어느 정도 이해가 된다. 그만큼 백제는 왜한테서 군사적 지원을 얻기 위해서라면, 그들이 어떤 요구를 하든 앞뒤 가리지 않고 무조건적으로 받아들여야 하는 입장이었기 때문이다.

또 한편으로 생각해 봤을 때, 왕세자를 볼모 형식으로라도 왜로 보내는 것이 고구려군의 위협으로부터 그의 신변을 보호할 수 있는 나름의 효과적인 방편이 될 수도 있었다. 왕세자가 살아 있는 한, 왕이 전쟁터에서 갑작스럽게 사망한다던가 하는 등의 커다란 변고가 생기더라도 국가가 멸망하는 것을 피하고, 후일을 도모할 수 있는 발판이 된다. 실제로 백제는 6세기 중엽 당시 국왕이었던 성왕(재위 523~554)이 전장에서 예기치 않게 전사하는 절체절명의 순간을 맞이했지만, 성왕의 장남인 부여창(扶餘昌; 후의 위덕왕)이 가까스로 살아남은 덕분에 멸망의 위기에서 벗어나 재기하였던 사례가 있다. 광개토왕의 기세에 밀려 풍전등화의 신세에 몰린 백제로서는 왕세자라도 왜로 피신시키는 편이 어쩌면 차라리 현명한 선택일 수 있었다.

그렇지만 이토록 위급했던 순간들을 아무런 대책 없이 송두리째 보내버리고 나서야 비로소 왕세자를 왜의 인질로 보내는 수모를 감당하면서까지 왜와의 관계 증진에 목을 맬 필요가 있을까. 더욱이 백제가 왜한테 전쟁에 졌다거나 치명적 약점을 잡혔거나 하는 그런 어쩔 수 없는 상황에 놓인 것도 아니었는데 말이다.

결론적으로 위급한 전시 상황도 아닌 평시 상황에서, 그저 단순히 왜와 우호관계를 강화시킨다는 명목만으로, 그리고 왜의 군사적 지원을 얻어낼 수 있다 한들 고구려와의 대결에서 승리할 가능성이 희박한 가운데, 왕세자를 순순히 왜에 인질로 보낸다는 것은 도무지 있을 수 없는 일이다.

인질 파견의 문제점 |

설령 뒤늦은 타이밍이나마 왕세자를 볼모로 보낸다손 치더라도, 일이 완전히 해결되는 것은 아니다. 문제는 오히려 이제부터가 시작이다. 이는 양국의 우호 관계 수립을 위한 전제 조건이 백제에 일방적으로 불리하다는 데에 있다.

왕세자를 인질로 왜에 보낸다 한들, 그에 대한 답례로 그들이 백제에 병력을 제대로 지원할 것이라고 어떻게 장담할 수 있을까. 백제의 왕세자를 인질로 잡은 이상 칼자루를 쥔 쪽은 왜이다. 앞서도 언급했지만, 왜는 전쟁에 개입할 것인지 아닌지에 대한 선택권을 쥐고 있다. 인질만 넘겨받고 자국의 실리를 극대화하는 방향으로 움직일 가능성이 얼마든지 있다. 이를 테면 백제에 병력을 전혀 지원해 주지 않거나, 병력을 조금 지원해 주는 척하다가 전황이 조금이라도 불리해지면 고구려 편에 붙어버리는 상황들이 바로 그러한 경우다. 왜가 그런 식으로 언제든지 백제의 뒤통수를 칠 수 있다는 문제가 도사리고 있는 것이다. 그렇지만 백제로서는 이와 같은 치명적인 배신행위를 당한다 할지라도, 왜에 대해 그 어떤 반발이나 보복도 할 수 없게 된다. 자국의 왕세자가 그들의 인질로 붙잡혀 있기 때문이다.

결국 왜는 백제왕세자를 볼모삼아 백제를 마음대로 조종할 수 있게 된다. 백제 입장에서는 왕세자를 왜에 인질로 보냄으로써, 굳이 부담할 필요가 없는 큰 짐을 자진해서 지게 되는 꼴인 것이다. 결과적으로 왕세자의 인질 파견은 백제에 있어 백해무익한 족쇄에 불과할 뿐이다.

양자 간 약속이 제대로 이행되려면 평등한 조건이어야 한다. 백제 왕세자를 인질로 넘겨주었으면, 왜에서도 이에 걸맞은 중요 인물을 백제에 보내 주어야 하는 것이 서로 공평하고 이치에도 맞는다. 이는 상호 간 안정적이고 신뢰할 수 있는 동맹관계로 가는 기본 조건이자 필수 조건이다. 그렇지만 그 어떤 사료에서도 왜가 백제에 똑같이 볼모를 넘겨줬다는 기록은 발견할 수 없다. 즉 상호 인질 교환은 없었다는 이야기다.

그러므로 전지는 볼모가 아니었다는 결론에 도달할 수 있다. 그는 볼모가 될 필요도 없고, 되어서도 안 되는 입장이었다.

이번에는 전지가 볼모가 아닌 이유에 대하여 추가적으로, '진짜 왜의 볼모'였던 '미사흔(未斯欣)'이라는 인물의 사례와 비교하여 설명하고자 한다.

미사흔은 왜의 볼모가 맞는가? |

　전지의 사례와 미사흔의 사례를 비교하기에 앞서, 미사흔이 정말로 왜의 볼모가 맞는가에 대한 사실성 판단이 필요하다. 그래야 그의 경우와 비교하여 전지가 왜의 볼모였는지 아니었는지를 정확하게 판가름할 수 있기 때문이다. 과학용어로 표현한다면 미사흔은 대조군이 되는 셈이다.

　결론부터 말하자면 미사흔은 왜의 볼모가 맞다. 이는 《삼국사기》를 통해 쉽게 확인 가능하다. 《삼국사기》 열전 박제상전에서는 미사흔이 왜에 볼모로 보내어진 사연을 다음과 같이 기록하고 있다.

> 이보다 앞서 실성왕(實聖王) 원년 임인(서기 402년) 왜국과 화친을 맺을 때, 왜왕이 내물왕(奈勿王)의 아들 미사흔을 볼모로 요구하였다. 실성왕은 일찍이 내물왕이 자신을 고구려에 볼모로 보낸 것을 한스럽게 생각하여 내물왕의 아들에게 원한을 풀고자 했으므로, 왜왕의 요구를 거절하지 않고 보냈다.

　신라 제18대 왕인 실성왕(재위402~417)은 위의 원문 내용에서처럼 그의 전임 왕이자 미사흔의 아버지인 내물왕에 의해 고국을 떠나 고구려에 10여 년간 볼모로 가 있는 고초를 겪었던 인물이다. 그렇지만 귀국하고 나서 얼마 후 내물왕이 사망하자 어쩌다 보니 운 좋게 왕위에까지 오르게 되었다. 오랜 기간 동안 타국에서 고초를 겪었던 것에 대한 보상일까. 그는 한낱 인질 신세에서 일국의 국왕 자리에까지 오르게 된, 영화나 드라마에서나 나올 법한 인생역전의 주인공이 된 것이다.

하지만 실성왕은 자신을 적국의 인질로 보내버린 바 있는 내물왕에 대한 뿌리 깊은 원한을 잊을 수는 없었다. 내물왕이 죽은 이후에도 그 원한은 완전히 사라지지 않았다.

게다가 그는 정상적인 왕위 계승자도 아니었다. 원래대로라면 내물왕의 아들 중 하나가 왕위를 계승해야 했기 때문이다. 하지만 내물왕의 아들들이 어린 나이인 관계로, 고위 귀족의 아들인 그가 대신 왕위에 오르게 된 것이다. 이런 식으로 실성왕은 왕이 되는 행운을 누렸다. 그러나 내물왕의 아들들이 성인으로 성장한 이후에는 상황이 어떻게 변할지 알 수 없는 일이었다. 본래 그들 중 하나가 왕이 되었어야 했기에, 정통성이 약했던 실성왕은 내물왕의 자식들에 의한 정변(政變)을 통해 언제라도 왕좌에서 쫓겨날 위험성을 안고 있었기 때문이다.

설령 실성왕 본인은 그럭저럭 왕위를 유지한다 하더라도, 자신의 아들까지 왕이 되는 일은 불가능했다. 그가 죽은 뒤에는 원래의 왕위 계승자인 내물왕의 아들에게 왕위를 내줘야 했기 때문이다. 내물왕의 아들들은 실성왕의 왕위는 어쩔 수 없이 인정한다 하더라도, 그 아들의 왕위까지 용납하지는 않을 것이 불을 보듯 뻔했다. 실성왕에게는 내물왕의 아들들이 존재하는 한, 자신의 아들에게 왕관을 물려주기란 불가능한 일이었다. 아들에게 왕위를 물려줄 수 없다면 실성왕 자신의 왕위 또한 허울 좋은 허수아비 신세에 불과할 것이다.

이러한 갖가지 이유들로 인해 실성왕은 신라의 국왕이 된 기쁨도 잠시, 왕위와 관련한 머리 아픈 고민에 빠지지 않을 수 없었다.

내물왕의 아들은 모두 3명이다. 장남은 눌지(訥祇)이고, 차남은 복호(卜好), 삼남이 바로 미사흔이다. 실성왕으로서는 내물왕에 대한 깊은 원한을 그의 아들들에게 대신 앙갚음할 겸, 그리고 무엇보다 자신의 왕위를 지키고 또한 아들에게 왕관을 무사히 물려주기 위해, 반드시 이들을 제거할 필요가 있었다.

미사흔은 실성왕 원년(402년)에 왜(倭)로, 복호는 10년 후인 412년에 고구려로 각각 볼모로 보내졌다. 그리고 남은 한명인 눌지는 고구려 출신의 자객을 시켜 암살을 기도한다. 재미있는 점은 내물왕의 세 아들을 제거하는 과정에서 번거롭게도, 모두 간접적인 방법을 사용했다는 사실이다. 실성왕은 왜 직접 그들을 죽이지 않았을까?

그것은 아마도 그들을 직접 제거하려 할 경우, 상당한 후폭풍을 겪을 수 있다는 우려 때문일 것이다. 실성왕이 왕이 되긴 했지만, 당시 신라 조정 내에서는 친내물왕계 신하들이 상당수였을 것이다. 그것은 내물왕이 46년이라는 상당히 긴 기간 동안 왕위에 있었던 원인도 있고, 무엇보다 실성왕 이후에는 다시 내물왕의 아들 중 하나가 왕위에 오를 것이 분명한 상황에서 새로운 왕인 실성왕의 편에 서기보다는, 계속해서 친내물왕계에 남아 있는 것이 훨씬 유리했기 때문일 것이다. 따라서 실성왕이 만일 이 같은 '친내물왕적'인 조정의 분위기를 무시하고 섣불리 내물왕의 아들들을 죽이려 들었다가는, 거센 역풍을 맞게 될 것이 분명했다.

그러므로 실성왕으로서는 최대한 은밀하고도 치밀하게 이들을 차례로 제거할 필요가 있었다. 그런데 때마침 자신의 즉위 원년부터 좋은 기회가 찾아온다. 왜국과 우호를 맺는 과정에서 왜가 볼모를 요구한 것이다. 그것도 다른 사람이 아닌 내물왕의 아들 중 하나인 미사흔을 말이다.

실성왕 자신이 직접 꾸민 시나리오가 아닐까 생각이 들 정도로, 왜는 기가 막힌 타이밍에 아주 적절한 인물을 인질로 요구한 것이다. 보편적으로 자국의 유력인물을 타국에 인질로 보내는 것은 크나큰 치욕으로 여겨지겠지만, 실성왕의 입장에서는 전혀 그렇지 않았다. 치욕은커녕 오히려 두 손 들고 환영할 일이었다. 그리하여 미사흔을 볼모로 보내달라는 왜의 요구에 그는 조금의 주저함도 없이 흔쾌히 응해 준 것이다.

여담으로 신라가 왜에 볼모를 보낸 이 사건을 근거로 신라가 왜보다 세력이 약했거나 종속적인 입장에 있었다고 생각한다면 곤란하다. 앞서 서술했듯이 신라가 왜에 볼모를 보낸 것은 왜를 두려워해서라기보다는 왕위를 둘러싼 신라 내부적인 권력다툼에 기인한 것이기 때문이다. 이와 관련하여 위의 원문에는 "실성왕은 일찍이 내물왕이 자신을 고구려에 볼모로 보낸 것을 한스럽게 생각하여 내물왕의 아들에게 원한을 풀고자 했으므로, 왜왕의 요구를 거절하지 않고 보냈다."라고 기록되어 있다. 왠지 "거절하지 않고 볼모로 보냈다."는 텍스트에서 "거절할 수도 있었지만 굳이 그러하지 않았다."라고 이야기하는 듯한 느낌이 강하게 풍겨온다. 왜냐하면 실제로 그러했기 때문이다.

왜가 실성왕의 마음을 훤히 살피기라도 한 듯, 내물왕의 아들을 볼모로 요구하는데 실성왕이 이를 마다할 이유가 있을까. 그의 입장에서는 손 안 대고 코를 푼 격으로, 자신이 직접

손쓸 필요도 없이 눈엣가시 하나를 제거하는 일인데 말이다. 미사흔을 왜의 요구대로 왜의 인질로 보내버림으로써, 직접 제거했을 경우 야기될 수 있는 정치적 부담 없이 내물왕에 대한 원한도 풀고, 장차 본인 또는 아들의 왕위를 위협할 정적 하나를 제거하는 일이 되는 것이다. 그와 동시에 신라와는 내내 사이가 안 좋았던 왜와의 관계를 개선할 계기'가 될 수도 있었다. 그러므로 실성왕의 입장에서 왜의 인질 요구는 외교적 치욕이 아닌, 즉위 첫해부터 찾아온 일석삼조의 정치적 호기(好機)였던 것이다.

어쨌든 이로써 미사흔이 볼모였다는 사실을 뒷받침하는 근거 하나가 확인되었다. 미사흔은 바로 '볼모가 되어야 하는 이유가 확실하다'는 점이다.

---

* 그러나 왜는 미사흔을 볼모로 데려간 후 불과 3년만(405년)에 신라에 쳐들어온다. 결과적으로 왜와의 관계 개선을 위한 의도 면에서는 실패한 셈이다. 그러나 주목해야 할 사실은, 이 과정에서 신라군은 미사흔이 왜에 인질로 잡혀 있음에도 불구하고, 위축됨 없이 적극적으로 응전하여 왜를 물리쳤다는 점이다. 자칫 패배에 대한 분풀이로 그들이 미사흔을 죽일 수 있었는데도 말이다. 그렇지만 신라군이 이에 아랑곳하지 않고 적극적으로 왜와 교전을 벌여 당당히 물리친 사실은 미사흔이 '인질로서의 효용'이 전혀 없었음을 확인시켜주는 내용이라고 할 수 있다. 다시 말해 실성왕에게 있어 미사흔을 왜에 볼모로 내준 것은 '치욕'이 아닌 '기회'였음을 거듭 확인시켜주는 증거인 것이다. 사실 실성왕의 입장에서는, 왜가 미사흔을 죽여 주기를 간절히 바랐을 일이다.

미사흔이 왜의 볼모였다는 또 다른 근거 |

만약 자국의 국민이 타국에 인질로 잡혀 있다면 통상적으로 어떤 행동을 취할까? 아마도 협상을 통해 평화적으로 송환받거나 그것이 힘들다면 어느 정도 희생을 감수해서라도 군사력이나 기발한 전략을 이용한 인질 구출작전에 나설 것이다.

독자 여러분은 수년 전에 있었던 '아덴 만 여명 작전'을 아직 기억하고 있을 것이다. 2011년 1월 대한민국 해군이 소말리아 해적들에게 피랍된 한국 선원들을 소말리아 인근 아덴 만 해상에서 구출해낸 군사작전이다. 큰 위험을 감수하고 용감하게 뛰어들어 인질들을 무사히 구출해낸 성공적인 인질 구출작전의 전형적 사례이다.

그런데, 이와 비슷한 인질 구출작전이 1,600여 년 전 신라에서도 있었다. 바로 신라의 충신 박제상(朴堤上)에 의해 실행된 이른바 '미사흔 구출작전'이 바로 그것이다.

실성왕은 내물왕의 아들들인 미사흔과 복호를 각각 왜와 고구려에 볼모로 보내버린 뒤, 장남 눌지마저 고구려 출신 자객의 손을 빌려 제거하려고 하였다. 그러나 눌지와 마주친 자객은 그의 성품에 반해 눌지를 죽이지 않고, 도리어 실성왕의 음

모를 실토하고는 그냥 떠나버렸다. 암살 계획은 이처럼 허무하게 발각되어, 실성왕 자신이 오히려 눌지에게 죽임을 당하는 처지가 되고 말았다. 실성왕이 어이없게 죽고 신라의 국왕 자리가 비워지자, 눌지가 새로운 국왕으로 등극하였다.

고구려와 왜로 각각 끌려갔던 동생들이 너무나도 그리웠던 눌지는, 왕위에 오르자마자 먼 곳에서 고된 인질 생활을 하고 있을 동생들을 기필코 신라로 귀환시키리라 마음먹고, 즉시 이들을 귀환시키기 위한 대책 마련에 들어갔다. 그리하여 당시 용감하고 지모가 있는 인재로 이름 높았던 박제상을 불러내어, 그로 하여금 고구려에 볼모로 가 있던 복호를 송환시켜줄 것을 지시하였다. 박제상은 눌지왕의 명을 받들어 고구려로 떠났다. 그는 탁월한 외교술을 발휘하여 고구려왕을 잘 설득해서, 복호를 무난히 신라로 귀환시키는 데 성공했다. 눌지왕은 이에 크게 기뻐하며 왜에 볼모로 가 있던 막내아우 미사흔 또한 귀환시켜줄 것을 그에게 부탁하였다.

그러나 왜로부터 미사흔을 귀환시키는 일은 고구려로부터 복호를 귀환시켰던 일과는 상황이 전혀 달랐다. 박제상은 왜인들이 고구려인과는 달리, 말로 잘 설득할 수 있는 존재들이 아니라고 판단했기 때문이다. 그래서 그는 왜와의 외교적 협상을 택하기보다, 지략을 통해 미사흔을 무사히 탈출시키기로 마음

먹었다.

　박제상은 죽음을 각오하고 혈혈단신 왜로 건너갔다. 그는 마치 신라를 배반하고 온 사람인 것처럼 행동했지만, 처음에는 왜왕이 이를 쉽게 믿지 않았다. 그러고는 계속해서 의심의 눈으로 그를 지켜봤다. 그러나 얼마 후에 신라왕이 미사흔과 박제상의 집안사람들을 감금했다는 소식이 들려오자, 그제서야 왜왕은 그가 정말로 신라의 배반자임을 믿게 되었다.

　왜왕의 의심에서 벗어난 박제상은 이후 미사흔과 함께 속세에서 벗어난 사람처럼 행동하면서, 왜에서 무사히 탈출할 기회가 찾아오기를 기다렸다. 오래지 않아 왜인들은 그들이 딴 마음을 품고 있지 않다고 여기고, 감시를 소홀히 하기 시작했다. 이에 박제상은 조금의 주저함도 없이 미사흔에게 본국으로 몰래 탈출할 것을 권했다. 미사흔은 그를 두고 혼자서 떠날 순 없다며 극구 반대했으나, 박제상은 둘이 같이 탈출한다면 금방 발각될 것이라고 염려하여 오로지 미사흔만 떠나도록 설득하였다. 어쩔 수 없이 홀로 떠나게 된 미사흔은 눈물을 흘리며 박제상과 작별했다.

　미사흔을 보낸 박제상은 미사흔이 탈출할 충분한 시간을 번 뒤에 뒤늦게 미사흔의 탈출 사실을 알게 된 왜인들에 의해 붙잡혔다. 이후 그는 외딴섬에 유배 보내졌다가, 결국엔 참혹하게 처형당하고 말았다. 하지만 그러한 박제상의 고귀한 희생으로 말미암아 미사흔은 무사히 신라로 귀환할 수 있었다.

이것이 '미사흔 구출작전'의 대략적인 전말이다. 비록 신라는 유능한 충신이었던 박제상을 잃었지만, 결과적으로 구출 작전은 성공하여 국왕의 동생인 미사흔을 무사히 구해낼 수 있었다. 이처럼 타국에 붙잡힌 자국의 인질을 구하기 위해서는 박제상이 복호와 미사흔을 구출해내었던 것과 같이, 당사국과 외교적 협상을 벌이거나 희생을 무릅쓴 구출작전을 펼쳐야 하기 마련이다. 미사흔 구출 작전은 이 같은 인질 구출작전의 전형을 보여 준 것이고, 이는 미사흔이 왜의 볼모였다는 또 하나의 확실한 근거가 되는 것이다.

미사흔과 전지 |

앞서 미사흔은 볼모가 되어야 할 확실한 이유가 있었다는 사실과 함께, 그를 송환하기 위한 필사의 노력을 건 구출작전이 있었다는 점에서 그가 확실한 왜의 볼모였음을 확인하였다. 그렇다면 이처럼 볼모의 확실한 기준점을 제시해 주는 미사혼과 비교할 때, 전지는 어떠한가.

우선 볼모가 되어야 할 이유에 대해서는, 전지는 그래야 할 이유도 없고 그래서도 안 된다는 사실을 앞에서 자세히 언급했으니 이에 관해서는 그냥 넘어가기로 한다.

눈여겨보아야 할 것은 두 번째이다. 바로 전지가 어떠한 과정을 통해 백제로 귀환하였는가 하는 점이다. 먼저 이와 관련한 《삼국사기》 기록부터 살펴보도록 하자.

> (아신왕) 14년에 왕이 죽자 왕의 둘째아우 훈해(訓解)가 정사를 대행하며 태자의 환국을 기다리는데, 막내아우 설례(碟禮)가 훈해를 죽이고 스스로 왕이 되었다. 전지가 왜국에서 부음을 듣고 울며 돌아가겠다고 청하자, 왜왕이 군사 100명으로 호송케 하여 국경에 도착하였다.

기록을 살펴보면 백제는 전지를 송환시키기 위한 노력으로 복호의 경우처럼 외교 협상을 벌이거나 미사흔의 경우처럼 구출작전을 펼친다거나 하는 행동이 전혀 없었다. 전지는 '당연히' 돌아올 것이기에 백제 조정은 그저 그가 귀국하기를 조용히 기다리면서, 그동안 임시적으로 전지의 숙부인 훈해(訓解)를 통해 국정을 대행시켰을 뿐이다. 원문의 어조로 보았을 때, 백제 입장에서 전지가 아무런 문제없이 본국으로 귀환하는 것은 '기정사실'인 것이었다.

실제로도 전지가 왜에서 떠나오는 과정은 막힘이 없었다. 전지가 왜에서 아신왕이 사망하였다는 소식을 듣자마자 왜왕에게로 가서 귀국을 요청하고 곧바로 백제로 돌아왔다. 아무리 왕위를 이어가기 위함이라고 한들, 왜가 그처럼 쉽사리 인질을 석방한다는 것은 이해하기 힘든 일이다. 백제의 왕위 계승은 당사국인 백제에는 큰일일는지 몰라도, 왜에 있어선 자신들과는 직접적 관련이 없는 바다 건너 남의 일일뿐이기 때문이다.

설령 왕위 계승을 명분으로 전지는 그냥 석방한다 치더라도, 최소한 전지를 대신할 다른 왕자 등 그에 상응하는 인물을 대체 인질로 받아내야 하는 것이 당연하다. 그렇지만 왜가 전지를 대체할 백제의 또 다른 인물을 인질로 삼기는커녕, 그런 것을 요구했다는 사실조차 어떤 기록에서도 찾아볼 수 없다. 그러니까 그런 일은 없었던 것이다. 결국 왜는 전지를 아무런 조건 없이 풀어줬다는 의미가 되는데, 왜의 입장에서 생각했을 때 이와 같이 인질을 아무런 조건 없이 선뜻 백제에 내줄 것이라면, 애초에 백제로부터 인질을 넘겨받을 하등의 이유가 없었다는 뜻이 된다. 그것도 하찮은 신분의 인질도 아닌 왕세자 정도나 되는 초거물급 인질을 말이다.

사실 이 정도만으로도 전지가 왜의 볼모가 아니었다는 사실을 확인하는 데는 부족함이 없어 보인다. 그렇지만 그가 볼모가 아니었음을 확신시켜 주는 단서는 여기서 그치지 않는다.

원문에서 보이는 것과 같이 전지가 백제로 귀환하는 과정에서, 왜왕은 병사 100명으로 하여금 그를 호송케 하고 있다. 이 일은 별 생각 없이 넘어갈 수도 있지만, 결코 가볍게 넘길 내용이 아니다. 왜는 전지를 안전하게 귀국시키기 위해 100명이나 되는 병력을 제공하였다. 그저 인질에 불과한 인물을 당사국까지 안전하게 경호하기 위해서 말이다. 전지가 정말로 왜의 볼모인 것이 사실이라면, 좀처럼 이해하기 힘든 상황이다. 상식적 시각에서 전지의 경호를 맡아야 할 쪽은 당연히 백제여야 한다. 전지는 다름 아닌 백제의 왕세자이기 때문이다. 하지만 그 역할은 아이러니하게도 전지를 볼모로 삼았다던 왜가 담당하고 있다. 왜는 인질을 아무 조건 없이 놓아줄 뿐 아니라, 무사 귀환을 위한 적극적인 협조까지 제공해 주고 있는 것이다. 상당히 이례적인 일이 아닐 수 없다.

하지만 상식 밖의 상황은 그 다음에서도 다시 한 번 발견된다. 그것이 무엇인지 자세히 알아보기 위해서 앞에서 본 《삼국사기》 원문의 바로 다음에 나오는 구절을 잠시 살펴보도록 하자.

그때 한성 사람 해충(解忠)이 와서 말하기를 "대왕이 세상을 떠나자, 왕의 아우 설례가 형 훈해를 죽이고 스스로 왕이 되었으니 태자는 부디 경솔히 들어가지 마시오." 하였다. 전지는 왜국 병사를 머물게 하여 자신을 호위케 하고 해도(海島)에 의거하여 기다렸다. 나라 사람들이 설례를 죽이고 전지를 맞아 즉위하게 하였다.

전지가 왕위에 오르려 하자, 그의 또 다른 숙부인 설례(碟禮)가 훈해를 죽이고 스스로 왕위에 오르는 쿠데타가 발생한다. 전지 입장에서는 상황이 최악으로 급변한 것이다. 왕이 되고자 했던 설례는 원래 왕이 되어야 할 왕세자 전지를 반드시 제거하려 했을 것이다. 이에 신변의 위협을 느낀 전지는 왜에서 귀환하는 동안에 자신을 호위했던 왜병들을 돌려보내지 않고, 그대로 백제 땅에 두어 계속해서 자신을 호위하도록 하였다.

불과 얼마 전까지 왜의 인질에 불과했던 전지가 이처럼 자신의 편의대로 마치 부하를 부리듯이 왜병들을 활용하고 있는 것이다. 당시 전지가 처한 형편을 감안한다면 그들 앞에서 정말 무릎이라도 꿇고 간청해야 마땅할 지경일 텐데 말이다. 그러나 그는 간청은커녕 형식적인 부탁조차도 하지 않았다. 이처럼 이 대목에서도 전지가 만일 '인질'이었던 것이 사실이라면,

연출되기 힘든 이례적 상황이 재현되고 있다.

결국 왜가 전지를 백제에까지 무사히 귀환시키기 위해 100명이나 되는 자기 측 병사를 스스로 제공해준 사실과 전지가 그 왜병들을 수족처럼 활용했던 사실을 통해 판단해 보면, 전지를 따라간 왜병들이 그저 타국의 병사들일 뿐으로 제한해서 보는 시각은 논리에 맞지 않다. 차라리 전지가 왜에 있을 때부터 그의 휘하에 있었던 군사들로 보는 편이 훨씬 설득력 있을 것이다.

결론적으로 전지가 왜로 떠났다가 백제로 돌아오기까지의 과정들을 미사흔의 경우와 조목조목 비교하여 살펴보면, 이번에도 역시 전지는 절대 왜의 볼모가 아니었다고 생각할 수밖에 없다. 오로지 전지가 왜왕이었다는 관점에서 바라보아야 비로소 이 모든 과정과 사건이 매끄럽게 설명되는 것이다.

사건의 재구성 |

그렇다면 전지가 볼모가 아닌, 왜왕이었다는 관점 하에 일련의 사건을 재구성해 보기로 한다.

아신왕이 사망하자, 백제 조정은 왜에 파견 나가 있던 왜왕이자 백제왕세자인 전지에게 아신왕의 죽음을 알리고, 즉시 귀국하여 백제의 왕위에 오를 것을 요청한다. 그러는 한편 전지가 돌아올 동안 국정공백의 방지 차원에서 그의 숙부인 훈해에게 임시로 국정을 맡긴다. 전지는 부왕의 사망 소식을 접하자마자 지체 없이 본국으로 귀환한다. 이때 혹시 모를 위험에 대비하기 위해, 자신의 휘하에 있던 왜 병사 중 정예 100명을 뽑아 자신을 호위토록 한다.

백제 수도로 귀환 도중 전지는 또 다른 숙부인 설례가 쿠데타를 일으켜 훈해를 죽이고 스스로 왕이 되었다는 소식을 접하게 된다. 이에 전지는 백제에 도착하면 왜로 돌려보내려 했던 100인의 왜병에게 지시하여 사태가 수습될 때까지 그대로 남아 계속해서 자신을 호위시킨다.

이후 전지는 백제 수도로부터 멀리 떨어진 섬에 머물며 사태를 관망하다가, 설례의 쿠데타가 실패로 돌아가자 곧바로 움직여 수도로 입성하여 왕위에 오르게 된다.

어떠한가? 이야기가 제법 자연스럽지 않은가.

　그렇다면《삼국사기》의 저자인 김부식 등*은 왜 그를 '왜왕'이
아닌 '볼모'라고 표현하였던 것일까.

　그것은 아마도 백제와 관련한 문헌 자료가 극히 부족했다는
문제에서 기인한 '오해'였을 것이다.《삼국사기》가 완성된 시기
는 백제 멸망 후 무려 500여 년이 지난 서기 1145년이다. 해당
시기와 상당한 시간적 격차가 있다. 이 같이 엄청난 시간차는
역사 서술에 있어 여러 문제점을 일으킨다. 일단 자료의 양적
측면에서 생각해 보면, 긴 세월 동안 수많은 사료의 소실을 겪
어 살아남은 사료들이 무척이나 적었을 것임을 예상할 수 있
다. 실제로 김부식은《삼국사기》의 서문 격인 〈진삼국사표(進三
國史表)〉라는 글을 통해서 당시 현존하는 삼국시대 관련 사료들
이 매우 부실함을 호소하기도 하였다.《삼국사기》집필을 위해
참고한 사료 중에 백제인이 직접 작성해서 남긴 것으로 보이는
사료가 전혀 없는 것도 바로 이러한 해당 시대와의 엄청난 시
간적 격차 때문이었다.

　또한 역사는 승자 위주로 서술된다는 사실에 비춰봤을 때,

---

*　《삼국사기》의 저술에는 김부식을 포함한 11명의 저자가 참여하였기 때문에, 이
　들을 모두 합쳐 '김부식 등'이라고 지칭하였다.

백제 관련 사료가 신라 사관들에 의해 적잖이 왜곡되었을 수도 있다. 더욱이 백제는 신라의 최대 숙적이었기 때문에 의도적으로 깎아내렸을 가능성이 있다. 설령 의도적으로 깎아내리지는 않았을지라도, 타인에 불과한 통일신라인과 이를 계승한 고려인의 시각에서는 백제의 제도와 실상을 제대로 파악하기는 힘들었기 때문에 그에 따라 잘못된 역사 기술이 이뤄졌을 가능성이 크다. 특히 다른 나라에서는 유례를 찾기 힘든 백제 고유의 제도나 풍습 등에 관한 것일수록 그러한 현상은 더욱 심했을 것이다.

결국 김부식 등이 접한 백제 사료들은 분량에 있어서도 매우 부실한 데다 몇몇 사실에 관해서는 정확성마저 떨어졌을 공산이 크다는 것이다.

이처럼 오랜 시간적 공백으로 인해 백제가 직접 남긴 사료가 사실상 전무한 상황에서 약간의 '가공된 백제사'와 중국 쪽 사료만을 참고할 수밖에 없었던 김부식은, 필연적으로 백제 왕세자가 왜왕을 겸한다는 당시 백제의 독특한 지방통치 방식을 제대로 이해하기 힘들었을 것이다. 실제로 김부식 등은 백제의 지방통치 체제에 관한 정보가 담긴 국내 쪽 사료를 전혀 갖추지 못해서, 전적으로 중국 쪽 사료에 의존하는 한계를 보였다.

그나마 중국의 사료를 충분히 참고한 것도 아니어서, 백제 지방통치 제도의 단면인 '후왕제도'라든지 '담로제'에 관한 내용은 《삼국사기》에서는 수록되지 못하고, 오로지 중국의 사서에만 남아 있을 뿐이다. 그만큼 김부식 등은 백제의 지방통치 체제에 대해 제대로 알기 힘든 학문적 여건이었던 것이다.

백제의 지방통치 제도에 대한 이 같은 이해 부족뿐 아니라 김부식이 전지를 '볼모'로 오해할 수밖에 없었던 이유는 또 한 가지 있는데, 그것은 왕자나 왕족, 대신 등의 유력 인물이 다른 나라에 오랜 기간 체류하게 되면, 그들은 볼모의 자격인 것이 일반적 사실이었기 때문이다. 이에 대한 실례로, 실성왕이 그랬고 복호와 미사흔도 또한 그러했다. 광개토왕에게 굴복해서 고구려로 보내진 아신왕의 아우와 대신들도 마찬가지였다. 이 때문에 왜에 건너가 오랜 기간 머물렀던 전지 역시, 그들처럼 볼모였던 것으로 잘못 인식한 것이 아닐까 추측된다.

미사흔 등의 사례에 비춰봤을 때 김부식 등이 전지를 볼모로 오해한 것은 어느 정도 수긍이 가는 실수이기도 하다. 아니 어쩌면 이미 김부식 이전의 다른 누군가가 전지를 볼모로 잘못 판단해서 기록해 놓은 것을 그가 단순히 답습했던 것에 불과할 수도 있다.

하지만 누가 최초로 사건의 실체를 잘못 이해하여 기록했던

지 간에, 결과적으로 '왜왕'으로서 당당하게 건너간 사람을 한 낱 '볼모'로 취급해 버림으로써, 사건의 역사적 의미를 180도 뒤바꿔버리는 상당한 왜곡을 유발시킨 셈이다.

두 명의 왜왕?

이렇게 해서 "전지는 볼모인가?" 하는 의문이 해결되었다. 다만 본문 내용 중 사소하게 여겨질 수도 있지만, 한 가지 의문점을 유발시키는 대목이 있어 잠시 이를 지적하고 넘어가고자 한다.

문제의 대목은 전지가 왜를 떠나기 직전의 상황에서 포착된다. 전지가 왜를 떠나올 때, 백제로 돌아가겠다는 그의 요청을 받아주고 그에게 100명의 병사를 주는 '왜왕'이라는 자가 등장한다. 문제는 이 '왜왕'이라는 자가 누구인가 하는 것이다. 이미 앞에서 전지는 왜왕으로서 왜로 파견되었던 것이라고 설명한 바 있다. 그런데 여기서는 전지와 '왜왕'이 전혀 별개의 존재인 것처럼 서술되어 있다. 이 기록에서처럼 전지 외의 또 다른 왜왕이 존재했다면, 왜왕이 두 명이 되는 상황이 연출되어 "전지는 왜왕이었다"는 사실에 논리적 모순이 생기고 만다. 그러니 이 상황을 어떻게 이해해야 할까.

그렇지만 이 역시 김부식 등의 서술 오류로 추측된다. 그들은 당시 '왜왕'인 전지를 그저 '볼모'라고 생각했기 때문에, 전지가 왜 담로의 내정을 맡고 있던 관료 중 최고위급 관료에게 백제왕의 죽음을 알리고 백제로 돌아가겠다고 말한 것이, 김부식 등의 시각에는 '볼모'인 전지가 왜왕(사실은 왜 담로의 '최고위급 관료')에게 귀국을 요청한 것으로 비춰진 것일 수 있기 때문이다.

김부식 등은 또다시 이 같은 커다란 착각을 저질렀지만, 이번에도 그들 탓으로만 돌릴 수는 없다. 전지가 왜왕으로서 왜에 파견된 것은 사실이지만, 실제로 왜를 다스렸을지에 대해서는 솔직히 의문스럽기 때문이다.

전지는 백제왕에 오르기 전 무려 8년 동안이나 왜에서 체류했는데, 처음 왜로 건너갔을 당시 그는 정무를 보기엔 아직 어린 나이였을 가능성이 크다. 때문에 그가 직접적으로 왜 담로의 정사를 돌보는 일은 없었을 것이다.

게다가 부왕이 갑작스레 사망하거나 본국에 뭔가 커다란 변고가 발생할 경우, 왕세자는 언제라도 당장 귀국해야 한다는 사실도 감안해야 한다. 왜왕인 백제왕세자가 이 같이 본국의 사정으로 급작스럽게 떠날 때마다 왜왕이 자리를 비우는 상황으로 돌변하게 되는데, 이런 경우 왜 담로로서는 '리더(leader)의 장기 부재 상태'에 빠져버리기 때문이다. 결국 본국의 정세 변화가 왜 담로에까지 너무 민감하게 영향을 미치는 셈이다. 이는 자칫 왜에 대한 백제의 통제력 약화로 이어질 수 있는 치명적인 문제점이다.

이 같은 문제에 대비하여 백제는 성인(成人)인 왕족을 따로 파견하여 그에게 왜 담로의 내정을 전담시켰을 것으로 보인다. 그리하여 국왕이 사망하는 경우와 같은 백제왕세자(왜왕)가 직접 본국으로 건너가 해결해야 할 사건이 발생했을 때, 그가 없더라도 왜 담로 운영에 아무런 영향을 미치지 않도록 예방조치를 했던 것이다.

물론 전지가 8년이나 왜에 체류했던 만큼 나중엔 왜 담로의 내정을 친히 다룰 수 있는 정도로 성장하여, 실질적인 왜왕의 역할도 어느 정도 수행했을 가능성도 없진 않다. 그러나 대개는 따로 파견된 왕족, 다시 말해 '왜 담로의 내정책임자'에게 맡겨놓음으로써 업무 수행의 안정성을 유지하고자 했을 것이다. 그야말로 백제왕세자에게 주어진 '왜왕'의 직함은 그저 상징적 의미에 국한될 뿐이었다. 이런 점에서도 역시 상징적 의미만을 지닌 영국의 '프린스 오브 웨일스'와 유사한 면이 있다고 할 것이다.

사정이 이러하다면 백제왕세자를 왜왕에 임명하여, 그를 머나먼 왜에까지 군이 파견할 필요가 있었을까하는 의문이 생길 수도 있다. 하지만 그럴만한 이유는 충분했다. 백제왕세자가 왜에 직접 건너가 명목상으로나마 후왕에 오른다는 것은 특별한 의미를 갖는다.

그것은 바로 차기 백제 국왕으로 오를 인물이 이에 앞서 왜의 수장으로 임명됨으로써, 백제와 왜 이 두 지역이 운명을 같이할 공동체임을 드러내고자 했던 것이다. 그와 더불어서, 왜가 백제로부터 상당한 관심과 우대를 받는 중요 지역임을 상징적으로 나타내기 위함이기도 하다. 그리고 이 두 가지를 통하여 궁극적으로 왜 담로의 주민들로 하여금 충성심을 불러일으키고, 아울러 백제의 어엿한 일원으로서의 정체성을 심어주고자 했던 것이다.

어쨌든 전지는 백제로 떠나기 전에 담로에 남게 될 '내정책임자'와 함께 왕의 죽음을 추모하는 한편, 그에게 담로를 잘 부탁한다는 당부의 말을 하고 떠나왔을 것이다. 다만 이 같은 모습을 김부식 등은 제대로 이해하지 못하여 서술에 착오가 생긴 것으로 보인다. 그러니까 그들은 결국 왜 담로의 '내정책임자'를 '왜왕'으로 잘못 이해하여 《삼국사기》에 그와 같은 어긋난 기록을 남겼던 것이다.

＊

쓰다 보니 본의 아니게 번번이 김부식 등 《삼국사기》의 저자들을 책망하게 되는 것 같다. 그렇지만 저자들의 이러한 실수는 사실 그들만의 잘못은 아닐 것이다. 앞서도 언급했듯 삼국 통일 후 500여 년이라는 기나긴 세월 동안 삼국의 사료가 수도 없이 필사되어오면서 어느 시점에선가 이런 저런 오류와 왜곡이 발생하고, 이러한 오류들이 정정되지 않은 채 이어져 내려오다가 결국 김부식 등에게로까지 그대로 넘어왔을 가능성이 크기 때문이다.

이로써 왕세자였던 전지가 왜왕을 겸하였음을 《삼국사기》를 통해 확인해 볼 수 있었다. 전지가 왜왕이 되었다는 사실이 기록에 명시적으로 나오지 않는다는 점은 조금은 아쉬운 일이다. 하지만 기록을 면밀히 따져 보았을 때 그는 왜왕이 되어 왜로 건너갔던 것이 틀림없는 사실이며, 이를 뒷받침하는 다양한 근거들이 존재한다는 것을 알 수 있었다. 이처럼 칠지도 명문의 내용이 사서를 통해서도 확인 가능하다는 점은 명문 해석에 있어 신뢰의 수준을 높이는 일이기에 각별한 의미가 있다.

《삼국사기》의 신뢰성

앞서 《삼국사기》의 아쉬운 점에 대해 여러 번 언급했지만, 그렇다고 해서 섣불리 《삼국사기》가 신뢰성이 떨어지는 사서라고 단정 짓는다면 이는 커다란 실수이다. 오히려 《삼국사기》는 신뢰도가 비교적 높은 사서로 평가받는다. 《삼국사기》는 애초부터 객관성과 신뢰성을 높이기 위해 고대로부터 전해진 국내 사료는 물론, 중국의 사서까지 두루 참고하여 작성되었다.

《삼국사기》의 높은 신뢰도를 입증하는 가장 대표적인 사례로서 무령왕릉에서 발견된 〈무령왕릉지석〉 내용과의 비교를 들 수 있다. 지석의 내용을 살펴보면, 무령왕의 사망연도나 책봉명 등이 《삼국사기》와 비교했을 때 완벽하게 일치한다는 것을 알 수 있다. 〈광개토왕비문〉과 비교해도 마찬가지이다. 광개토왕의 시호 및 즉위 연도, 그리고 백제 원정시기에 관한 두 기록의 차이점이 거의 없다. 그래서 이 사실 또한 《삼국사기》의 정확성을 뒷받침하는 훌륭한 증거가 된다.

이 같은 정확성을 기초로 하여 《삼국사기》는 《일본서기》 신공황후기의 내용 비교를 통해 이른바 '이주갑인상설'을 나오게 한 기준점이 되기도 하였다. 《일본서기》가 《삼국사기》의 기록을 바탕으로 사건의 시점을 일괄적으로 2주갑(120년) 옮겨 이해했다는 것은 그만큼 《삼국사기》의 내용이 신뢰할만하다는 사실임을 방증한다.

한편으로 《삼국사기》는 그 신뢰성과 함께 기전체 방식 하에 자료를 체계적으로 정리하여 한국 전근대 시대의 사서 편찬 방식에 있어, 여러 방면으로 선구적인 역할을 하였다는 데에도 의의가 있다.

물론 참고할 만한 사료의 부족과 유교적 사관, 그리고 해당 시대로부터 지나치게 후대에 기록되었다는 점 등의 한계로 인해, 결점 또한 어느 정도 존재한다는 사실을 부정할 순 없다. 그래서 의심스러운 기록에 대해서는 검증 과정이 꼭 필요한 것도 사실이다.

하지만 그럼에도 《삼국사기》는 한국 고대사에 대한 체계적이고도, 가치 있고, 신뢰성 있는 정보를 우리에게 상당수 제공해줌으로써, 한국 고대사 연구의 '기본 사서'로서의 절대적인 역할을 담당하고 있다.

전지 파견, 그 후 |

　전지를 왜왕으로 삼아 왜로 파견한 것을 계기로, 백제와 왜의 관계는 사실상 하나의 국가로 보아도 좋을 정도로 급속도로 가까워졌다. 그런데 이 같은 움직임은 오래지 않아 고구려에도 알려지게 된다.

　　영락(永樂) 9년(399년) 기해(己亥)에 백잔(百殘)이 맹서를 어

　　기고 왜와 화통(和通)하였다.

　위의 내용은 〈광개토왕비문〉에 기록된 내용이다. 이를 통해 알 수 있듯이, 백제가 전지를 왜로 파견한 지 불과 2년여 만에 고구려 측에서도 백제와 왜가 매우 가까워졌음을 인지했던 것이다.

　이 해에 아신왕은 생애 마지막으로 고구려를 치기 위해 다시금 전열을 정비하게 된다. 광개토왕에게 굴욕적인 항복을 선언한 지 불과 3년밖에 지나지 않았지만, 이전 전투 때와는 달리 이제는 왜군을 동원할 수 있게 되어 어느 정도 자신감을 회복한 덕분일 것이다.

　그렇지만 수십 년 동안 치른 고구려와의 전쟁으로 인해 너

무나도 피폐해진 탓인지 전쟁 준비는 순탄치 못했다. 백성들은 계속되는 전쟁에 염증을 느꼈고, 급기야 징집을 피해 나라 밖으로 도주하는 일이 속출하였다.

이와 더불어 아신왕은 고구려에 끌려가 있는 자신의 아우와 신하들의 안위도 걱정하지 않을 수 없었다. 그가 고구려 원정을 고집한다면 인질로 잡혀 있는 그들의 목숨은 바람 앞의 등불 신세가 될 것이 뻔하기 때문이다. 따라서 아신왕은 이러한 이유들로 인해 직접적인 고구려 공격은 결국 포기하게 된다.

왜군을 통해 고구려를 공격하다

다만 왜군을 통한 간접적 공격마저 포기하지는 않았다. 〈광개토왕비문〉에는 404년에 왜군이 대방 지역(현 황해도 부근)에 출몰하여 고구려를 침공하였다는 기록이 남아 있다. 이는 분명 아신왕의 지시로 실행된 원정일 것이다. 물론 기록에는 왜군의 고구려 원정이 백제의 지시에 의한 것이라고 명시되어 있지는 않다. 그러나 그렇게 추측하는 이유는 우선 왜는 고구려와 인접한 국가도 아닌 매우 멀리 떨어진 곳인 데다, 결정적으로 왜스스로 고구려를 쳐야 할 아무런 이유가 없었기 때문이다.

지리적으로 보았을 때, 왜군이 독자적으로 황해도까지 진출하기란 거의 불가능하다. 왜군의 행로는 바다로는 대한해협을 거쳐 남해와 서해를 통과해야 하고, 육지로는 남한 지역을 대각선 방향으로 통과하여야 한다. 일단 바닷길로는 거리가 너무나 멀어 자력으로는 실현이 불가능하다.

육로를 이용한다 해도 상황은 별반 다르지 않다. 육로 역시 그다지 짧지 않은 데다, 무엇보다 육로를 이용할 경우 도중에 거치게 되는 백제나 가야, 신라 등과의 충돌을 피할 수 없다는 문제점이 있기 때문이다. 허가 없이 자국 영토를 통과하는 외국 군대의 행렬을 보고서도 가만 내버려둘 국가는 어디에도 없다. 왜군이 대방 지역까지 무사통과하려면 그 길을 열어줄 한반도 내 어떤 세력의 협조가 반드시 필요하다.

이정도의 능력과 지리적 요건을 갖춘 세력은 당시 백제밖에 없었다. 백제는 대방 지역과 인접하고 있을 뿐만 아니라, 왜군의 한반도 상륙지가 될 것이 분명한 가야에도 영향력을 행사하고 있었기 때문이다. 왜군이 만일 백제의 도움을 얻는다면 가야 지역에 무난히 상륙하여, 백제 지역을 통과하는 내륙 경로로써 손쉽게 대방에 다다를 수 있었다. 이는 왜군이 바닷길을 이용하는 경우에도 동일하게 적용된다. 대방으로 가는 길목의 해안 지역 역시 백제가 장악하고 있기 때문이다.

왜군은 무슨 이유로 이처럼 어떤 길을 택하든 백제의 도움을 받지 않고서는 갈 수도 없는 먼 곳에까지 출정하여, 별다른 목적도 없이 힘겹게 고구려와 싸움을 벌인단 말인가. 그건 바로 백제가 그리 하도록 이끌었기 때문이라고밖에는 달리 생각할 여지가 없다. 따라서 404년 왜군이 실행한 대방 공격의 배후 세력은 다름 아닌 백제였다고 말할 수 있다.

아신왕이 이처럼 백제 본군(本軍)은 배제하고 왜군만을 활용하여 고구려를 공격한 것은, 앞서도 언급했던 것처럼 잦은 전쟁 동원으로 인한 국력의 극심한 소모 및 백성들의 원성과 고구려에 인질로 가 있는 아우와 신하들의 안위를 의식한 까닭으로 보인다. 고구려에 복종한다고 맹세해 놓고 얼마 안 가서 대놓고 또다시 고구려를 공격한다면, 몇 배로 분노할 고구려왕에 의해 인질로 잡혀간 사람들의 목숨은 매우 위태로워질 것이다.

거기에 자칫 고구려와 재차 전면전으로 번질 수 있는 위험도 방지하고자 한 측면도 있다. 백제 본군을 출동시켜 고구려를 공격한다면 아무래도, 또다시 전면전의 양상으로 빠지게 될 가능성이 커진다. 그러나 광개토왕이 건재한 고구려를 상대로 또다시 전면전을 펼친다는 것은 자살행위나 마찬가지였다. 만일 그러다가 이번에도 패배한다면, 그때는 정말이지 완벽한 멸망의 길을 피할 수 없을 것이다.

따라서 아신왕의 왜군 활용은 이러한 복합적인 우려상황을 피하기 위해, 고구려의 눈을 속이고자 기획된 일종의 백제의 위장 전술이었던 셈이다.

다른 한편으로, 왜군만을 단독으로 운영해 봄으로써 그들의 충성심을 시험하고자 한 의도도 있었다. 왜를 백제의 일원으로 정식 편입한 지 얼마 되지 않은 상태였기 때문에, 왜군을 전적으로 신뢰하기엔 아직 이른 감이 있었다. 그런 의미에서 대방 전투는 백제 영토 밖에서 치른 전투인 데다 백제 본군의 피해는 피할 수 있었기 때문에, 혹시 있을지 모를 왜군의 배신 행위에 대한 부담을 최소화시키면서 그들의 신뢰성과 충성심을 가늠해 볼 수 있는 좋은 무대였다.

결국 대방 전투에 왜군만을 투입시킨 백제의 선택은, 마지막 단 한 번이나마 고구려 군을 꺾어보기를 열망했던 아신왕이 숱한 한계 상황 속에서 짜낸 나름의 최선책이었던 것이다.

하지만 결과는 이번에도 역시 그의 철저한 패배였다. 〈광개토왕비문〉은 왜군이 고구려 군에 궤멸하여 참살당한 왜병들의 숫자가 무수히 많았다고 전하고 있다. 왜군을 활용한 전략은 비록 돌발적이고 참신한 면은 있었지만, 결과는 이전과 다르지 않았다. 이처럼 아신왕은 최후의 몸부림으로 마지막까지 광개토왕과 고구려군에 도전했지만, 쓰디쓴 패배의 기억만을 안은 채 결국 이듬해인 서기 405년 세상을 떠났다.

아신왕의 유산 |

아신왕의 대고구려 전쟁은 이처럼 연전연패로 막을 내렸다. 이는 아신왕 개인으로서나 백제 전체로서나 참담한 결과임이 분명하다. 그렇지만 이후 백제가 걸어간 후대의 역사로 보았을 때, 이러한 패배의 경험들이 그저 아프고 헛된 일인 것만은 아니었다. 고구려와의 치열했던 전쟁은 왜와의 연합이 반드시 필요하다는 교훈을 절실히 깨닫게 해 준 더없는 계기가 되었기 때문이다.

그간 백제는 다른 국가의 도움 없이 오로지 혼자의 힘으로 숱한 전쟁을 치러왔다. 그러나 고구려와의 전쟁은 이전에 겪었던 전쟁들과는 차원을 달리 하는 것이었다. 아신왕은 자국의 힘만으로 배짱 좋게 고구려와 수차례 맞붙었으나, 일방적인 패배를 반복한 끝에 굴욕적인 항복을 선언하였다. 아무리 자존심이 센 아신왕이었지만, 이쯤 되어서는 자국의 한계를 인정하지 않을 수 없었다. 이제부터는 백제 혼자 고구려에 대항하기보다는 연합하여 함께 싸울 세력이 절실히 필요했다.

여러 가지 사정을 감안했을 때 백제에 도움이 될 수 있는 세력은 왜가 유일했다. 그러했기 때문에 백제는 고구려에 항복한이후, 왜를 확실한 동반자로 만들기 위해 그곳에 담로를 구축하고 왜 담로의 수장으로 왕세자까지 파견함과 동시에, 여러학자와 기술자를 보내 백제의 선진 문물을 왜에 적극 전파함으로써 왜를 확실한 백제의 일원으로 합류시키는 데 심혈을기울였던 것이다. 거기에다 왜군을 실제 작전에 투입시키는 '실험'을 통해 전쟁을 함께할 동반자로서 왜군의 신뢰성과 가치를확인시키기도 하였다.

여담이지만 백제가 연호를 사용하였다면 그 시작은 근초고왕이 아닌, 아신왕 때부터가 아닐까 생각된다. 고구려를 상대로 일생에 걸친 끈질기고도 격렬했던 그의 투쟁에서 알 수 있듯이, 아신왕은 군사적 능력과는 별개로 당시 고구려에 대한상당한 라이벌 의식을 갖고 있었다. 이토록 고구려와의 대결에집착했던 아신왕에게 그 무렵 고구려가 연호를 사용하기 시작한 사실은 적잖은 자극이 되었을 것이 분명하다. 따라서 이에질 수 없다는 생각으로 백제 역시 연호를 쓰도록 하게 했을 개연성이 충분하다.

그리고 아신왕이 독자적인 연호를 사용하기 시작한 덕택에, 그의 아들 전지왕도 즉위 때부터 자연스럽게 연호*를 사용했던 것으로 볼 수 있다.

어쨌든 이처럼 동맹 또는 용병관계를 넘어 백제와 왜를 하나의 정치 및 군사연합체로 탈바꿈시키고자 한 아신왕의 구상과 실현 노력으로 인해, 백제는 최후까지 흔들리지 않고 도움을 아끼지 않아 준 아주 든든한 동반자 하나를 얻게 되었다.

결과적으로 아신왕은 고대 한일 관계사적 차원에서 양측 간 혁신적인 교류와 발전의 전기를 마련해 준 위대한 군주였던 셈이다.

---

* 이때 사용한 연호가 바로 칠지도 명문에 나오는 '태화(泰和)'이다.

七支刀

③

칠지도를 왜에 건네준 이유

銘文

이젠 다시 칠지도에 대한 이야기로 돌아오도록 하자. 앞선 내용들을 통해 칠지도 명문의 정확한 해석에 대한 의문도 해소되었고, 명문의 내용과 관련한 당시의 정황도 알 수 있게 되었다. 그러나 한편으로 백제는 과연 어떠한 이유로 칠지도를 만들었고, 또한 왜에 보낸 것인지에 대한 의문이 여전히 남아 있는 것도 사실이다.

칠지도 명문을 통해 우리는 사료 부족에 허덕이는 백제와 왜 관계에 대한 진면목을 알 수 있게 되었다. 이는 무척이나 다행스러우면서도 의미 있는 일이다. 하지만 그 시대 백제인들이 후대에 자신들의 발자취에 대한 정보가 이처럼 희박해질

줄 알고, 그에 대한 대비 차원에서 명문이 새겨진 칠지도를 남긴 것은 물론 아니었을 것이다. 도대체 칠지도라는 전에 없던 신기한 칼을 만들고, 표면에 명문까지 새겨 왜로 보내야만 했던 이유는 무엇인가. 이것은 칠지도에 관심 있는 사람이라면 누구나 들 수 있는 주요 의문점 가운데 하나일 것이다.

따라서 이번 장에서는 바로 그에 대한 이야기를 하고자 한다. 칠지도가 어떠한 연유에서 만들어지고 왜에 건너가게 된 것인지 구체적으로 알아보는 한편, 이와 관련해서 추가적으로 왜로 건너가 체류했던 수많은 백제 왕자들에 대한 이야기를 꺼내볼 것이다.

자세한 서술에 앞서 칠지도가 왜에 건너가게 된 이유에 대해 한 가지 힌트를 주자면, 그 이유는 다름 아닌 칠지도 명문의 내용 바로 그 안에 있다는 점이다. 좀 더 자세히 말하자면, 칠지도를 왜에 건네준 이유는 명문에서 드러난 백제왕세자가 왜왕을 겸했다는 사실과 직결되어 있다.

　숙부의 왕위 찬탈과 이에 대한 수습으로 인해 힘겹게 왕위에 오른 전지왕은, 왕위에 오른 지 얼마 되지 않아 한 가지 고민에 휩싸이게 된다. 그것은 다름 아닌 왕세자 구이신을 왕세자 시절의 자신처럼 왜로 보내야 할 것인가에 대한 고민이다.

　전지왕은 자신 스스로가 오랜 기간 동안 백제 본국이 아닌 왜에 머물러 있었기 때문에, 왕이 되기까지 그처럼 어려운 과정을 겪을 수밖에 없었다는 사실을 잘 알고 있었다. 그래서 자신처럼 구이신을 오랫동안 왜 담로로 파견 보내둔다면, 어떤 위험성이 도사리고 있는지도 확실하게 파악하고 있었다.

　왕세자가 멀리 왜에 나가 있으면 왕의 갑작스러운 사망 시, 임종을 지키지 못함은 물론이고, 국왕으로 정식 즉위하는 데도 적지 않은 시간이 걸린다. 이러한 체제는 필연적으로 권력의 공백기를 발생시켜, 왕위를 둘러싼 치열한 쟁탈전을 유발시킬 수 있는 구조적 문제점을 안고 있었다. 그러니까 왕세자의 왜 담로 파견은 쿠데타가 유발된 직접적 원인이 된 셈이다. 핵심은 이 같은 문제점이 전지왕에 한하는 것이 아니라, 국왕이 교체될 때마다 반복한다는 데 있었다.

　이러한 구조적 문제점을 몸소 체험했던 전지왕으로서는 반드시 그에 대한 대비책을 마련해야 했다. 왜는 백제에 있어 매우 중요한 지역인 것은 사실이지만, 그렇다고 그곳에 매번 무리하게 왕세자를 파견함으로써, 왕위 교체기 때마다 쿠데타가 일어날 수 있는 위험요소를 그냥 방치해놓을 수는 없었다.

때문에 전지왕은 왕세자 구이신의 안전을 보장하면서도, 왜왕으로서의 위상과 지위는 유지토록 하게 할 수 있을 만한 묘안을 모색하게 된다.

칠지도의 탄생 |

그 묘안이 바로 다름 아닌 칠지도이다. 어떻게 그렇게 될 수 있는 것인지 이유는 간단하다.

험난한 과정을 거쳐 왕위에 오른 전지왕은, 왕세자 구이신을 직접 왜 담로로 보내는 것을 위험한 모험이라고 판단했다. 그리하여 자신의 경우와는 다르게, 구이신은 왜로 보내지 않고 그를 대신할 다른 무언가를 보내기로 결심하였다.

전지왕은 고심 끝에 "백 번이나 단련한 철로 만들었고(造百鍊鐵)", "모든 병해를 물리칠 수 있는(辟百兵)", 거기에 전례를 찾아보기 힘든 독특한 모양의 칠지도라는 보도(寶刀)를 만들어, 구이신을 대신하여 왜 담로에 보낸 것이다. 그러니까 **칠지도는 백제왕세자, 즉 왜왕을 대신하는 일종의 '분신' 또는 '상징물'인 셈이다.**

*

이쯤 되니 비로소 명문에 나와 있는 "先世以來未有此刀", 즉 "선세 이래 이러한 칼은 없었다"라는 문장의 진정한 의미를 이해할 수 있을 듯하다. 그만큼 새롭고 귀중하다는 의미도 담긴 것이겠지만, 그보다는 왕세자를 전지왕 자신의 경우처럼 왜에 보낼 수 없으니 그를 대체할 칠지도라는 전례 없이 독특한 외양과 훌륭한 품질을 갖춘 칼을 비로소 탄생시켰다는 사실을 표현하고자 했던 것이다.

이쯤에서 칠지도의 모양에 대해 잠시 언급하자면, 칠지도가 어떤 이유로 그러한 모양을 갖추게 된 것인지 아직까지 확실히 알려진 바는 없다. 하지만 분명한 사실은 그처럼 독특한 외양을 통해 칠지도가 뭔가 특별한 의미를 지닌 칼임을 뚜렷이 드러내고자했던 의도가 엿보인다는 것이다.* 과연 백제왕세자를

---

*   칠지도는 신라 금관의 장식과 같이 '出' 형태로 서로 흡사한 모습을 지니고 있다.

상징하고 그의 존재를 대신하는 훌륭한 칼답게 디자인에서부터 세심하게 신경을 쓴 셈이다.

어쨌든 왕세자를 대신하여 이제껏 볼 수 없었던 신기하고 훌륭한 칼인 칠지도를 왜에 보냄으로써, 왕세자를 직접 그곳에 파견한 것 못지않은 효과를 얻고자 하였다. 칠지도에 명문을 새긴 것은 바로 그러한 의도를 더욱 명확하게 하기 위함이다. 비록 왜왕의 육신은 백제 본국에 머물러 있을지언정, 왜왕으로서의 지위와 위엄은 이전과 다르지 않음을 명문을 통해 명확히 선포하고, 그러한 뜻이 후세에도 길이 전해지도록(傳示後世) 지시한 것이다.

칠지도의 가치 |

이쯤 되면 칠지도의 가치가 상당하리라는 것은 두말할 나위가 없다. 칠지도는 그것 자체로 백제왕세자의 존재를 대신하면

신라왕을 상징하는 금관과 백제에서 파견된 '왜왕'을 상징하는 칠지도가 이와 비슷한 모양을 지니고 있다는 사실은 왠지 단순한 우연이 아닌, 뭔가 통하는 의미가 있는 듯한 생각을 들게 한다. 이러한 형상은 칠지도와 신라금관 외에 가야 금관의 장식에서도 발견할 수 있는데 결국 이 같은 모양은 백제·신라·가야 등 고대 한반도 남부 국가들이 공통적으로 '왕'이나 '우두머리'를 상징하기 위해 쓰였던 문양 같은 것이 아니었을까 하는 추측을 낳게 한다.

서도 그 표면에 새겨진 명문을 통해서, 비록 왕세자를 왜에 직접 파견하지는 못하지만 백제왕세자가 왜왕이란 사실은 예전과 변함없으며 더 나아가 왜 담로 또한 계속해서 백제의 일원으로 남게 될 것이라는 메시지를 확실히 전달해 주고 있기 때문이다.

즉, 칠지도는 왜 담로가 백제의 만고불변한 일원임을 나타내주는 상징물인 셈이다. 그러한 가치 때문에 이 칼을 왜에 보내면서 잘 간직하여, 먼 후세에까지 전해질 수 있도록 명하였던 것이다. 따라서 왜 담로의 관료들은 칠지도가 지닌 중요한 가치와 더불어, "후세에 전해보이라(傳示後世)"는 명령 때문에 칠지도를 소중히 보존하였다. 그리고 이 같은 세심한 보존이, 무려 1,600년이라는 길고 긴 시간이 지난 오늘날까지도 칠지도가 매우 양호한 상태로 전해질 수 있었던 중요한 원인이 되었다.

칠지도만으로 왜를 컨트롤 할 수 있었을까

그런데 여기서 의문점이 생긴다. 칠지도가 전례가 없는 매우 가치 있고 훌륭한 칼임은 분명한 사실이나, 일개 칼 한 자루를 보낸 것 가지고 백제가 왜를 확실히 컨트롤할 수 있겠는가 하는 점이다.

그러나 칠지도가 무슨 요술지팡이가 아닌 이상, 그건 애초부터 불가능한 일이었다. 전지왕도 이를 모를 리 없었다. 그래서 백제는 칠지도를 보내는 것만으로 그치지 않고 추가적인 보완책도 실행하였다. 칠지도는 단지 왕세자의 상징물 내지는 분신일 뿐이고, 왜 담로를 관리할 현실적인 방안은 따로 있었던 것이다.

정확히 말한다면, 그 추가적인 보완책은 칠지도를 왜에 보내면서부터 비로소 시작된 것이 아니라, 전지왕이 왕세자 시절 왜왕으로서 왜로 건너가 있던 때부터 이미 실행되고 있었다. 앞서 백제왕세자라는 '명목상의 왜왕' 말고 실제 왜 담로의 내정을 전담했던 별도의 '내정책임자'가 존재했을 것이라고 이야기했던 것을 기억하는가. 백제는 바로 그 왜 담로의 '내정책임자', 달리 말하면 '실질적 왜왕'이라고 표현해도 좋을 그런 행정관료를 통해 왜 담로를 관리하였던 것이다.

실질적 왜왕은 누구인가

《삼국사기》나 《일본서기》 등의 사서를 보면 백제의 왕자나 왕족이 왜에 건너가 그곳에서 체류하였던 장면이 나온다. 이러한 장면은 한두 번에 그치는 것이 아니고, 백제와 왜가 처음 접촉한 이래 백제가 멸망하기까지 지속적으로 반복된다.

물론 왕자라 해서 다른 국가에 가 있지 말라는 법은 없다. 하지만, 이처럼 여러 명의 왕자들이 백제가 멸망하기까지 수백 년 동안 반복해서 머나먼 왜로 건너가 있었다는 사실은 뭔가 예사롭지 않게 느껴진다. 이와 더불어 이들이 무슨 목적을 가지고 왜로 건너간 것인지에 대해서도 자못 궁금해진다.

어떤 학자는 이들을 우호관계 증진을 위한 외교 사절로 보거나, 또는 지원 병력을 요청하기 위해 파견된 것이라고 보기도 한다. 그러나 단순한 외교 사절이나, 청병사(請兵使) 등으로 보아 넘기기에는 이들의 체류기간이 제법 길었다.

《일본서기》에서는 이들의 정체를 인질, 또는 천황을 섬기기 위해 왜에 보내진 사람들로 기록하고 있다. 하지만 인질이라고 하기에는 앞서도 자세히 살펴보았듯이, 백제는 왕자를 왜에 인질로 내 줄 필요도 없었고 그렇게 해서도 안 되었다고 강조한 바 있다. 그러니까 왜로 건너간 백제 왕자들이 인질이었다는 둥, 천황을 섬기기 위해 보내진 것이었다는 둥 하는 내용들은 잘못된 것이다. 이는 지속적으로 언급했다시피, 《일본서기》 저자가 의도한 자국 중심의 윤색된 표현일 뿐이며, 역사적 사실과는 전혀 다르다.

기록으로 확인 가능한 왜로 건너간 백제 왕자들은 전지왕세
자를 비롯하여, 백제 왕족이라고 기록된 '주군(酒君)', 개로왕의
동생*인 '곤지(昆支)', 무령왕의 골족(骨族)인 '사아군(斯我君)', 성왕의
아들이자 훗날 혜왕으로 추존되는 '왕자 혜(王子惠)', 위덕왕의 아
들 '아좌', 의자왕의 아들 '부여풍'과 그의 형제인 '새성(塞城)', '충
승(忠勝)**', '부여선광(扶餘善光)' 등이 있다. 이밖에도 왜로 건너간
인물들 중에 백제 왕자로 추정되는 이들이 여러 명 더 있다.

　　게다가 무령왕 같은 인물은 아예 왜에서 출생하기까지 했다.
《일본서기》는 사마(斯麻)라는 이름의 사람이 왜의 각라도(各羅島)
에서 태어났다고 전하고 있다. '사마'는 다름 아닌 무령왕의 본
명이다. 그는 왜에서 태어났지만, 그 후에 백제로 건너가 동성
왕 사망 후 왕위에 올랐다.

　　동성왕 역시 무령왕처럼 왜에서 태어난 것으로 추측된다. 무
령왕의 경우처럼 동성왕은 왜에서 태어났다는 직접적인 언급
은 없지만, 그는 왜에 오랫동안 체류하고 있던 곤지의 아들인
데다, 전임 왕인 삼근왕이 사망한 후 왜에서 백제로 건너가 왕
위에 올랐다는 기록으로 보았을 때, 그는 출생 이후 계속 왜에

＊　《일본서기》에는 개로왕의 동생으로, 《삼국사기》에는 개로왕의 아들로 나온다.
　　개로왕의 동생이었다는 설이 좀 더 유력하다.
＊＊　혹은 부여풍의 숙부라는 기록도 있다. 그리고 새성과 충승을 각각의 인물이 아
　　닌 '새성충승'과 같이 하나의 인물로 보는 시각도 있다.

서 살아왔음을 알 수 있다.

이들뿐 아니라, 사아군의 아들인 '법사군(法師君)' 역시 왜에서 출생한 또 하나의 백제왕자로 알려져 있다. 백제에서 왜로 건너가 계속해서 살고 있었던 사아군은 그곳에 정착해서 법사군을 낳았다고 한다.

이같이 여러 명의 백제 왕자들이 백제에서 왜로 건너갔거나, 아예 그곳에서 태어나 체류한 경험이 있다. 주목해야 할 것은 이들 왕자는 비록 왕세자는 아니었지만, 그에 버금가는 지위에 있었던 인물들이었다는 점이다. 이들 중에는 결국 왕위에까지 오른 사람이 적지 않았다. 동성왕이 그렇고, 무령왕이 그렇고, 혜왕이 그러했으며, 신라·당 연합군에 의해 사비성이 함락된 후 백제 부흥군을 이끌며 사실상의 백제왕 역할을 했었던 부여풍*이 또한 그러했다.

이정도로 유력한 지위에 있었던 인물들이 직접 머나먼 왜에 건너가 머물렀던 이유를 결코 가볍게 보아 넘길 수는 없다. 일반적인 외교 사절이었으면 굳이 왕자나 왕족이 갈 필요가 없

---

* 비록 의자왕을 마지막으로 백제 본국은 멸망하였지만, 부여풍은 백제 부흥세력들에 의해 왕으로 추대되었고, 백제의 부흥을 건 최후의 항쟁을 펼치며 사실상 백제의 마지막 왕이나 다름없는 역할을 해내었다. 이러한 이유로 인해 《동사강목》의 저자이자 조선후기 역사가인 안정복은 공식적인 백제 마지막 임금을 의자왕이 아닌, 풍왕으로 보기도 하였다.

다. 전문적인 외교 사신이 가면 되기 때문이다.

　게다가 이들은 짧은 기간도 아니고, 최소 1년에서 몇 십 년에 걸쳐 오랫동안 체류했었다. 아좌나 사아군, 법사군 등은 백제에 귀국하였다는 기록이 없는 것으로 보아 아예 왜에 정착하여 그곳에 뿌리를 내린 것으로 보인다. 이처럼 한두 명도 아닌, 확인되는 인물만 해도 열 명이 훌쩍 넘어가는 많은 수의 왕자들이 궁을 떠나 구태여 멀리 일본 열도에까지 꾸준히 건너가서, 장기간에 걸쳐 체류하게 된 까닭은 무엇인가. 인질이 아니라면 그 이유는 한 가지뿐이다. 바로 **왜 담로를 통치하기 위해서이다.**

　전지왕세자 이후, 왕세자가 직접 왜로 파견된 사례는 찾아보기 힘들다. 이는 구이신을 대신하기 위해 보내졌던 칠지도의 취지가 후대에도 이어졌기 때문일 것이다. 하지만 왕세자에 버금가는 지위의 왕자들이 왕세자를 대신하여 왜로 건너가, '실질적 왜왕'의 임무를 수행함으로써 왜 담로에 대한 백제의 영향력을 효과적으로 유지시켰던 것이다.

더 이상의 왕세자 파견은 없었을까

전지왕세자 이후 추가적인 왕세자의 왜 파견이 있었는지는 확인하기 어렵다. 전지 이후에는 왕세자 신분으로 왜에 건너갔다고 전해지는 인물이 없기 때문이다. 그러나 확실치는 않아도 왜로 건너간 인물 중에, 백제왕세자로 추정되는 이가 전혀 없는 것은 아니다. 그중 하나가 흔히 '아좌태자(阿佐太子)'라고 불리는 아좌(阿佐)이다. 그가 '태자(왕세자)'인 것이 맞다면, 전지 이외에 왕세자 신분으로 왜로 건너간 또 하나의 사례가 될 것이다.

《일본서기》에는 아좌가 597년 즉, 백제 위덕왕 44년에 왜에 파견되었다고 전해진다. 그러나 그가 실제로 왕세자의 지위에 있었는지는 확실치가 않다. 왜냐하면 일단 아좌라는 인물이 최초로 언급되고 있는 《일본서기》에는, '태자'라는 표현 없이 그를 단순히 '왕자아좌(王子阿佐)'라고만 언급하고 있기 때문이다. 왕세자가 아닌 일개 '왕자'로 표현되고 있는 것이다. 아좌를 '아좌태자'라고 칭한 최초의 기록은 《일본서기》보다 200여년이나 후에 편찬된 《성덕태자전력(聖德太子傳曆)》이라는 사서에서부터다.

사서의 기록 뿐 아니라 당시의 상황을 고려해 볼 때도, 아좌가 왕세자 신분으로 왜로 건너간다는 것은 거의 불가능했다. 그가 왜로 건너간 해인 597년은 아버지 위덕왕이 사망하기 불과 1

년 전이다. 죽음을 앞둔 부왕을 두고서, 곧이어 왕위를 계승해야할 왕세자가 궁을 떠나 왜로 파견되었다는 사실은 아무래도 이해하기 힘들다.

물론 위덕왕이 이듬해에 사망하리라고는 미처 생각지 못했을 수도 있다. 병환으로 몸져누운 상태가 아닌 건강한 상태에서 급작스럽게 죽음을 맞이한 것일 수도 있기 때문이다. 이 경우에서라면 왕이 사망하기 불과 1년 전에 왕세자를 왜에 파견했다 하더라도 어느 정도 수긍할 수 있다.

하지만 문제는 597년 당시 위덕왕은 제법 고령이었다는 점이다. 《일본서기》의 기록을 바탕으로 추론해보면, 597년 당시 위덕왕의 나이는 73세였다. 아좌가 왕세자였던 것이 진실이라면, 그는 언제 죽음을 맞이해도 이상하지 않을 그런 고령의 부왕을 두고서 왜로 파견 나가 있을 것이 아니라, 마땅히 궁을 지키고 있어야 하는 것이 당연한 일이다.

따라서 아좌가 왕세자였다는 사실은 설득력이 매우 떨어진다. 설령 한때 왕세자였을지라도, 백제 내부 권력다툼 등에서 밀려 왕세자 신분을 상실한 상태에서 왜로 쫓겨난 것이라고 보는 것이 타당할 것이다. 그러지 않고서야 노년의 부왕을 그대로 놔두고 왜로 떠났을 리 만무하다. 더구나 아좌는 위덕왕이 사망한 이후에도 백제로 돌아왔다는 기록이 없다.

한편, 아좌 이외에도 '순타태자(純陀太子)'라는 인물도 왕세자 신분으로 왜에 파견되었다고 추정되는 인물의 하나이다. 무령왕 시대의 백제왕세자로 알려진 순타(純陀)는 왕위에 오르지 못하고 사망했다고 기록되어 있다.

그러나 순타는 왜에 파견된 것이 맞는지 부터가 확실치 않다. 그가 왜에 건너갔다는 기록이 전혀 없기 때문이다. 다만 그가 왜에 체류하고 있었다고 추정하는 이유는 그의 사망 기록을 《일본서기》에서만 확인 가능하기 때문이다. 《일본서기》에서 순타의 죽음관련 기사는 희한하게도, 아무런 전후 맥락 없이 뜬금없이 등장한다. 자국의 왕세자도 아닌 그의 죽음을 굳이 서술했다는 것도 이상하지만, 이 기사 전후에 있는 다른 기사들과 전혀 연관성이 없는 것이 더욱 이상하다.

그럼에도 타국 왕세자인 순타가 죽었다는 기록이 《일본서기》 남아있는 것은, 그가 왜에 체류하고 있는 중이었기 때문이 아닐까하는 추측을 낳게 한다.

일설에는 그가 왜로 파견된 백제의 왕자 중 하나인 '사아군(斯我君)'과 동일인물이라고 보기도 한다. 사아군은 백제에서 태어나 왜로 건너갔다가 본국으로 돌아오지 않고, 그곳에서 생을 마감한 것으로 알려진 인물이다. 따라서 순타와 사아군이 동일 인물임이 확인된다면, 전지왕세자 이후 왕세자 신분으로 왜로 건너간 또 하나의 케이스가 될 것이다. 그러나 아직까지 이는 그저 하나의 학설일 뿐, 충분한 증거는 없는 상황이다.

결론적으로, 앞서 아좌는 흔히 '아좌태자'라고 지칭되지만 사실은 태자가 아닌 그냥 일반적인 왕자였을 가능성이 크며, 순타는 왜로 파견되었다는 것조차 확인 되지 않은 상황이다. 따라서 전지왕세자 이래 왕세자 신분으로서 왜왕이 되어 직접 왜로 건너간 경우는 사실상 없었다고 보아야 할 것이다.

마나군과 사아군 |

《일본서기》에는 504년 왜에 인질상태로 억류되어 있던 마나군(麻那君)이 백제왕의 요청에 따라 사아군으로 교체된 일화가 나온다. 즉 왜에 있던 마나군은 백제왕의 요청에 의해 원래 그가 살던 백제로 불러들이고, 그를 대신해서 사아군을 왜에 보내었다는 내용이다.

교체된 경위는 마나군이 백제왕의 '골족(骨族)'이 아니라는 이유에서였다. 왕의 골족이 아닌 마나군을 대신하여, '골족'인 사아군을 보내어 일본 천황에게 봉사토록 하겠다는 것이었다.

표면적으로 이 에피소드는 딱히 별다른 메시지가 보이지 않는다. 그저 반복적으로 나오는 그렇고 그런 《일본서기》 특유의 윤색된 기사로 보일 뿐이다. 하지만 이처럼 왜에 가있던 '인질'이 백제왕의 혈족으로 대체되었다는 사실은 두 가지 측면에서 우리에게 중요한 시사점을 안겨준다.

첫 번째는, 마나군이 과연 인질이 맞는가 하는 점이다. 《일본서기》에 써진 대로 마나군이 왜의 인질이 맞는다면, 백제왕이 자청해서 본인과 더욱더 가까운 사이인 사아군을 마나군의 대체 인질로 보낼 이유가 없었을 것이다. 자신과 가까운 사이일

수록 보다 더 잘 대해 주고 싶은 것이 사람의 일반적인 심리이기 때문이다.

애초에 마나군이 왜에 억류된 이유가 《일본서기》에 기록되어 있기를 왜에 몇 년간 조공을 하지 않아서였다고 하는데, 사실 이부터가 석연치 않다. 《일본서기》는 시종일관 이런 식으로 왜의 행적은 높이고, 다른 국가의 행적에 대해서는 폄하하는 방식의 왜곡을 서슴지 않는 서술 형태를 보이고 있기 때문이다.

결국 백제왕이 스스로 사아군을 데려다가 마나군의 대체 인질로 교체할 이유가 없다는 점과 《일본서기》의 서술 형태를 고려해 봤을 때 마나군이 왜에 의해 억류되었다거나 천황을 더 잘 모시기 위해 사아군으로 교체했다는 식의 표현은 왜곡된 표현이라고밖에 볼 수 없다. 이는 앞서 전지가 '볼모'라고 기록되었지만, 사실은 볼모가 아니었던 사실과 흐름을 같이한다. 따라서 이 일화는 마나군과 사아군이 왜의 인질이었던 것이 아닌, 사실은 왜 담로의 관리를 위해 파견된 인물들 (실질적 왜왕)이었음을 간접적으로 묘사해 주는 이야기라고 할 수 있다.

그런데 마나군과 사아군이 인질이었는가 여부보다 더욱 중요하게 확인되어야 할 사실이 있다. 바로 마나군이 무슨 까닭으로 사아군으로 교체되었는가 하는 점이다.

일단 마나군도 '군(君)'이라는 호칭이 붙어 있는 것으로 보아, 그 역시 왕족의 일원이었던 것으로 생각된다. 다만 당시 백제 국왕과의 촌수는 상대적으로 멀었던 것 같다. 반면에 사아군은 '백제왕의 골족'으로 설명된 것으로 봐서, 당시 백제왕과 혈연적으로 매우 가까운 사이였음을 짐작할 수 있다. 그런데 마나군 역시 백제의 왕족이었음에도 불구하고, 사아군 같이 현직 백제 국왕과 혈연적으로 더욱 가까운 다른 왕족으로 전격 교체된 것이다.

특이한 사실은 이 과정에서 인물의 능력이나, 인품 등의 다른 요소들은 전혀 고려되지 않고 오로지 현직 국왕과의 혈연관계가 얼마나 가까운지만을 따져 왜에 파견된 왕족이 교체되었다는 점이다. 뭔가 납득이 안 가는 사건인 듯 보이지만, 이 같은 일이 일어나게 된 배경을 앞서 살펴본 "실질적인 왜왕은 누구인가"의 내용과 결부지어 생각해 본다면 어렵지 않게 이해될 것이다.

이는 백제가 왜 담로의 관리자로서 비록 왕세자를 보내지는 못하더라도, 되도록이면 왕세자에 근접하는 혈연관계를 지닌 왕자나 왕족을 보내고자 했던 사실과 동일한 맥락을 지니고 있는 사건이다. 그러니까 어떤 피치 못할 사정에 의한 임시적 조치 내지는 착오에 의하여, 처음에는 마나군이 '실질적 왜왕'

으로 임명되어 왜에 파견되었지만, 원칙에 따라 그 지위는 곧 백제왕과 혈연적으로 더욱 가까운 사아군으로 넘어가게 된 것이다.

한 편의 촌극을 보는 듯한 기분도 들지만, 이처럼《일본서기》에 수록된 마나군과 사아군의 일화는 '실질적 왜왕'이 갖춰야 할 기본적 자격을 은연중에 밝혀 주고 있다는 데 큰 의의가 있다. 왕세자에 근접하는 혈연관계를 지닌 왕족을 우선적으로 왜 담로에 보낸다는 것은 단순한 관례 정도가 아니라, 법률과 다름없는 '원칙'이었기 때문에, 번거로움을 감수하고서라도 이미 파견된 실질적 왜왕을 소환하고, '원칙'에 더욱 적합한 다른 왕족으로 바꿨던 것이다.

따라서 왕세자에 근접하는 왕자들이 왜로 건너가거나, 심지어 그곳에서 태어나고 성장했던 사례가 많았던 이유는 다름 아닌, 그들을 통해 왜 담로를 관리하고자 했던 백제의 '원칙'이 강력하게 반영된 결과라고 할 수 있다.

결론 |

백제의 우위 아래 백제와 왜가 하나의 국가와 다름없는 관계였다는 필자의 추측은 어떻게 생각해 보면, 일본 역사학계가 아직까지도 버리지 못하고 있는 소위 '임나일본부설'이나 '남선경영설'을 주체만 바꾼 상태로 답습하는 것 같아, 무척이나 조심스럽고 심지어 거부감마저 드는 것도 사실이다.

그렇지만 백제왕세자 구이신을 왜왕으로 삼았다는 칠지도 명문의 내용과, 전지 왕세자가 왜에 건너갔던 이래 백제가 멸망당할 때까지 수백 년간 지속적으로 백제왕세자에 버금가는 지위에 있던 많은 왕자들이 왜로 파견되거나 출생하여 그곳에서 장기간으로 체류하였다는 사실, 그리고 왜가 전성기 시절의 고구려 또는 나당연합군이라는 당대 최강의 상대를 두고 엄청난 피해와 후유증을 감수하고서까지 굳이 약자인 백제의 편에 서서 헌신적으로 싸웠다는 사실은 이 모든 게 백제와 왜가 사실상 '하나의 국가' 그리고 '하나의 운명공동체'였기 때문에 가능했다라고밖에는 도무지 설명할 길이 없다.

따라서 백제와 왜의 관계를 단순히 '동맹관계' 내지 '협력관계'였다 정도로 표현하기에는 매우 부족하다. 이 같은 시각은 백제와 왜가 별개의 국가라는 사실을 전제로 하기 때문이다. 이들은 당시 '정치적 연합체', 그리고 '운명을 같이하는 공동체'라는 공통된 인식이 있었다. 그렇기에 자국의 이해관계에 따라 친구와 적을 끊임없이 갈아치우는 당시 혼돈하는 국제 정세 속에서도, 이들의 끈끈한 관계는 서로 처음 접촉한 이래 백제가 멸망하기까지 무려 300여 년간 한 번의 흔들림도 없이 이어질 수 있었던 것이다.

게다가 왜는 백제 본국이 공식적으로 멸망한 이후에도 한반도에 대규모 병력을 파견하고 엄청난 물자를 지원해 주는 등 백제 부흥이라는 공동 목표에 대한 희망의 불씨를 마지막까지 되살려 보고자 필사적으로 노력했다. 이러한 사실은 왜에서 파견된 백제부흥군의 규모를 통해 쉽게 짐작할 수 있다. 왜는 당시 3차에 걸쳐 무려 4만 2천여 명에 달하는 병력을 백제에 투입하였다. 이만한 엄청난 규모의 병력이 갖는 의미는 여러 모로 남다르다.

앞서도 밝혔듯이 백제가 왜에 진출하여 일정 지역을 직접 관리하기는 했지만, 일본 열도 전체를 장악한 것은 아니었다. 특히나 진출 초기에는 매우 제한적인 지역에서만 영향력을 발휘하며 관리할 뿐이었다. 그러다 차츰 세력을 넓히면서 7세기 후반에 이르자, 4만 명이 넘는 병사를 동원할 역량을 갖출 정도로 넓은 지역에 걸쳐 영향력이 미치게 되었다. 이만한 병력은 백제의 전성기인 근초고왕 때조차 3만의 군사를 동원한 것이 최대였던 사실과 비교하면, 300여 년 동안의 인구 증가 효과를 감안하더라도 상당한 규모이다.

이러한 사실은 일본 열도 내에서 백제의 영향력이 미쳤던 왜 담로의 영역이 제법 넓었음을 짐작케 하는 동시에, 무엇보다 당시 왜가 백제를 '본국'으로 여겼다는 또 하나의 증거인 것이다. 왜가 백제를 본국으로 여기지 않고서는 본국이 나당연합군의 칼에 공식적으로 멸망당한 그토록 절망적인 상태 가운데서, 그만한 엄청난 병력을 지원해 줬을 리 없기 때문이다. 결국 왜의 파격적인 병력 지원은 이들의 관계가 어떠한 경지에까지 이르렀는지 한눈에 보여주는 결정적인 장면이라고 할 수 있다.

그렇기에 백제 부흥군의 실패와 그에 따른 백제 본국의 완전한 멸망은 왜 담로의 주민들과 본국에서 건너 온 피난민들에게 있어, 그들의 운명을 가른 획기적인 사건이었다. 그들은 백제의 구성원이라는 지난날의 삶에 종지부를 찍고, 이제부터는 새로운 본거지가 된 왜에서 자신들의 역사를 새롭게 써 내려가야만 했다.

그들은 생존을 위한 자구책으로, 독자적인 새 국가 건설에 온 힘을 기울였다. 백제 멸망 후 얼마 안 있어 왜가 '일본(日本)'이라는 국호를 새로이 정한 것과, 관제를 개편하고 《일본서기》를 편찬한 사실 등은 당시의 이 같은 분위기를 반영한다고 볼 수 있다. 이러한 과정들이 일본 고대국가 형성에 상당한 기여를 하였으리라는 점은 충분히 짐작되고도 남는다.

맺음말
‧‧‧‧‧‧‧‧

한반도 고대사 못지않게 일본 고대사도 역시, 어쩌면 그보다도 훨씬 베일에 싸여 있다. 일본에서 발견되는 각종 고대 유물들과 《일본서기》 등 사서에 기록되어 있는 내용을 통해 미루어 보건대, 일본의 고대사는 결코 한국의 고대사와 별개로 서술될 수 없다. 그만큼 양국의 고대사는 떼려야 뗄 수 없는 얽히고설킨 이야기인 것이다.

고대사는 오래된 만큼 기록과 유물의 양이 절대적으로 부족하여 많은 점에서 희미한 상태로 남아 있다. 그렇기 때문에 이를 밝히는 과정에서 역사가의 주관이 강하게 개입되는 건 어찌 보면 당연한 일이기도 하다. 특히나 한국과 일본처럼 고대의 주도권이 두 나라 중 어디에 있었느냐는 문제를 가지고 매우 민감한 학술적 대립을 하는 관계에 있어서는 더욱 그러하다.

하지만 이러한 대립 과정에서 객관적 사실은 뒷전으로 밀려나고, 민족적 자존심을 앞세워 역사적 사실과는 거리가 먼 무리한 학설들을 난무시키며 감정적인 학술 공방만이 남게 된다면 이는 진리 탐구를 위한 학문이 아니라 그저 서로의 자존심을 놓고 한바탕 싸움을 벌이는 전쟁터가 될 뿐이다.

그런 의미에서 고대 한일 양국 간 교류와 관련하여 당대의 기록이면서도, 당시 양국 정세에 관하여 그 어떠한 자료보다 신뢰할 수 있는 내용이 담긴 칠지도 명문의 중요성은 몇 번이고 강조해도 지나치지 않다. 그렇기 때문에 명문을 객관적인 방법으로 확실하게 해석해내는 것은 무엇보다 중요한 일이다. 그렇지만 지난 100여 년간 칠지도 명문 해석에 관한 연구는 결론에 대한 이렇다 할 합의점을 찾지 못하고, 형형색색의 헤아릴 수 없이 많은 방법으로 해석을 시도하며 논쟁을 거듭하는 등 표류를 계속하고 있다. 그만큼 칠지도 명문 해석은 진정 쉽지 않은 작업임을 방증하는 것일 게다.

이에 앞으로도 칠지도 명문에 관한 객관적이고도 정밀한 연구를 통해 고대 한일 관계의 참모습에 더욱더 가까이 다가가기

를 진심으로 바라며, 이 책이 그러한 연구에 작게나마 도움이
되기를 기대해 본다.

참고문헌

신문기사

· 경향신문, "한·일 고대사 뇌관 '칠지도' 제작연도 369년 아닌 408년", 2009.10.13.

논문

· 박중환, 〈금석문을 통해서 본 백제의 문자기록 체제와 대왜외교〉, 전남대학교 인문과학 연구소, 2005.

· 연민수, 〈百濟의 對倭外交와 王族: 百濟 外交史의 一特質〉, 충남대학교 백제연구소, 1997.

· 정재윤, 〈百濟 王族의 倭 派遣과 그 性格: 昆支를 中心으로〉, 충남대학교 백제연구소, 2008.

· 조경철, 〈백제 칠지도의 제작 연대 재론〉, 공주대학교 백제문화연구소, 2010.

· 홍성화, 〈石上神宮 七支刀에 대한 一考察〉, 한일 관계사학회, 2009.

· 濱田耕策, 〈4世紀의 日韓關係〉, 한일역사공동연구위원회, 2005.

사료

· 박장렬 김태주 박진형, 《원문과 함께 읽는 삼국사기》,한국인문고전연구소, 2012.

· 신호열 역해, 《삼국사기》, 동서문화사, 1976.

· 이병도 역주, 《삼국사기》 하 개정판, 을유문화사, 1996.

· 신태형 역, 《원문과 함께 읽는 삼국유사》, 한국인문고전연구소, 2012.

· 노성환 역주, 《고사기》, 민속원, 2009.

· 전용신 역, 《完譯 日本書紀》, 일지사, 1989.

· 연민수 김은숙 이근우 정효운 나행주 서보경 박재용, 《역주 일본서기》, 동북아 역사재단, 2013.

· 김재선·엄애경·이경 역편, 《한글 동이전》, 서문문화사, 1998.

· 정재윤, 《사료를 보니 백제가 보인다(국외편)》, 주류성, 2007.

도서

· 김기홍, 《새롭게 쓴 한국 고대사》, 역사비평사, 1993.

· 김영심, 〈4세기 동아시아 세계와 백제의 위상, 칠지도〉, 《금석문으로 백제를 읽다》, 학연문화사, 2014.

· 김현구, 《백제는 일본의 기원인가》, 창비, 2002.

· 김현구, 《임나일본부설은 허구인가》, 창비, 2010.

· 이영희, 《무쇠를 가진 자, 권력을 잡다》, 현암사, 2009.

· 이이화, 《한국사 이야기 2: 고구려 백제 신라와 가야를 찾아서》, 한길사, 1998.

· 임길채, 《일본 고대국가의 형성과 칠지도의 비밀》, 범우사, 2002.

· 한국고대사회연구소, 《譯註 韓國古代金石文 I》, 駕洛國史蹟開發研究院, 1992

· 한국역사연구회 고대사 분과, 《고대로부터의 통신》, 푸른역사, 2004.